UM_BAU
31

Wir widmen diese 31. Ausgabe des UMBAU dem Gedenken
an unseren ehemaligen Vorstandsvorsitzenden und
Mitbegründer dieser Schriftenreihe Felix Orsini-Rosenberg,
der am 15. Februar 2020 verstorben ist.

UMBAU 31
Stadtbaustein Schule: Dichte Nutzung, urbane Vernetzung

Österreichische Gesellschaft für Architektur – ÖGFA (Hrsg.)

Birkhäuser
Basel

Anhang

Inhalt

Als Ulrich Huhs, Manfred Russo, Andreas Vass und ich Ende 2017 mit der Vorbereitung eines Symposiums zum Thema Bildungsbauten[1] begannen, standen zwei Aspekte im Vordergrund: Es ging uns erstens darum, den Fokus auf Schulen zu lenken, die integrale Bestandteile eines städtischen Quartiers sind, und zweitens Wege aus dem verschwenderischen Umgang mit Grund und Boden aufzuzeigen.[2] In UMBAU 31 reflektieren unsere Autorinnen und Autoren aus den Disziplinen Architektur, Stadtplanung und Kunstgeschichte über Fragen, die im Symposium diskutiert wurden. Welches Potenzial bergen Schulen in Bezug auf städtebauliche Fragen – z. B. Nachverdichtung, Mehrfachnutzung, Umgang mit gründerzeitlicher Substanz? Können Schulen zu so etwas wie Quartierszentren werden und damit die Lebensqualität für alle dort lebenden Menschen verbessern? Wie können Räume und Raumsequenzen gestaltet werden, um eine optimale Nutzung zu ermöglichen?

Der erste Beitrag ist die schriftlizche und bildliche Wiedergabe von Herman Hertzbergers Eröffnungsvortrag, bei dem er die Ideen darlegte, die er seit mehr als 60 Jahren verfolgt, und die nun – ob von den heutigen Proponentinnen und Proponenten bewusst oder nicht – verstärkt Anerkennung erfahren. Marika Schmidts differenzierte Untersuchung beschäftigt sich mit der Entwicklung von identitätsstiftenden und gemeinschaftsfördernden Schulbauten. Claudia Cavallar und ich umreißen drei Jahrzehnte medialer Darstellung der Mehrfachnutzung von Schulen. Damit wollen wir zeigen, ob und wie das Thema von Redakteurinnen und Redakteuren gesellschaftlich engagierter Architekturzeitschriften in mehreren europäischen Ländern aufgegriffen und behandelt wurde.

In zwei weiteren Beiträgen wird über den Schulbau der Städte Wien und Zürich berichtet. Seit Jahrzehnten ist Zürich für seinen umsichtigen Umgang mit dem Baubestand bekannt. Jeremy Hoskyn erzählt, wie dort Wege gefunden werden, bestehende Schulen zu sanieren bzw. zu adaptieren, damit sie veränderten Ansprüchen gerecht werden. Um nachzuvollziehen, was Schularchitektur im urbanen Kontext leisten kann, analysiert Maik Novotny das Wiener Schulbauprogramm 2000 ca. 25 Jahre nach dessen Abschluss.

Basma Abu-Naim und Felix Siegrist konzentrieren sich auf eine der Schulen des Wiener Programms, nämlich jene von Helmut Richter am Kinkplatz, die im Jahr 1994 fertiggestellt wurde. 2019 traf die Stadt Wien die Entscheidung, das Gebäude nicht weiter als Schule zu betreiben. Um geeignete Nachnutzungen für das Haus und seine Umgebung auszuloten, setzten sich Basma Abu-Naim und Felix Siegrist im Detail mit seiner Entstehungsgeschichte auseinander.

UMBAU 31 wird von drei Essays abgerundet, in denen über die mögliche Rolle von persönlichen Erinnerungen an das Schulumfeld im Bewusstsein bzw. im Entwurfsprozess reflektiert wird. Antje Lehn erläutert, wie sie in ihrer Lehrtätigkeit mit Interviews und Kartierungen arbeitet, um die Wahrnehmung von Jugendlichen hinsichtlich ihrer Umgebung und im Besonderen ihres Schulwegs zu fördern. Gabriele Kaisers Betrachtung des Pausenhofs nimmt sowohl zeitliche als auch räumliche Bezüge auf. Ihre Befragung von Architekturstudierenden der Kunstuniversität Linz ergab eine große Bandbreite an Deutungen. Zum Abschluss gewährt uns Ulrich Huhs auf Grundlage seiner eigenen Erfahrungen Einblicke sowohl in seinen phänomenologischen Zugang zur Architektur als auch in die Baukultur von Deutschland nach dem Krieg.

Elise Feiersinger

1 Das Symposium „Education – An Urban Inquiry" fand in Kooperation mit dem Institute of Architecture der Universität für angewandte Kunst Wien am 23. und 24. November 2018 statt. Für die gute Zusammenarbeit mit dem IoA bedanken wir uns bei Sabine Peternell und Hannes Traupmann.

2 Für eine ausführliche Diskussion eines schonenden Umgangs mit der nicht erneuerbaren Ressource Boden siehe: Karoline Mayer, Katharina Ritter, Angelika Fitz und Architekturzentrum Wien (Hg.): *Boden für Alle*, Zürich 2020.

Herman Hertzberger

Lernen. Eine städtebauliche Untersuchung*

Lernen

So sieht traditioneller Unterricht aus: Junge Menschen hören jemandem zu, der weiß, wie die Welt funktioniert. Von ihnen wird erwartet, dass sie diese Informationen, die ihr Denken formen, aufnehmen. Aber in unserer Zeit sind wir zu einer anderen Art von Unterricht übergegangen, zur Vorstellung, dass jede/r seine/ihre geistigen Möglichkeiten ausschöpfen soll – und der Unterricht wird individualisiert. Heute haben Schüler/innen Laptops und suchen sich ihre Lehrer/innen und ihre Information selbst aus. Tatsächlich gibt es für Klassenzimmer nur mehr wenigen Bedarf. Ich habe versucht die Vorstellung von Klassenzimmer zu ändern: Es gibt zwar weiterhin auch Frontalunterricht und Wandtafeln, aber indem man die Türen öffnet und verschiebt, können sie ohne großen Aufwand zu einer offenen Raumkonfiguration umgestaltet werden, ist mehr Flexibilität möglich. Abb. 1

Fachkompetenz

Allmählich wird Veränderbarkeit die Haupteigenschaft von Architektur sein. Alles, was für einen bestimmten Zweck angelegt ist, wird bald überholt sein. Also müssen wir Architekten lernen Strukturen zu entwickeln, die für neue Möglichkeiten offen sind. Natürlich müssen wir dabei dem pädagogischen Paradigma folgen. Als Architekten erfinden wir keine pädagogischen Konzepte – wir wenden die Ideen von Fachleuten auf diesem Gebiet an. Und es ist unmöglich, die Zukunft vorauszusehen. Wenn beispielsweise infolge zunehmender Automatisierung 50 Prozent der Menschen arbeitslos sind, wird es bei den Eltern zu einem Konkurrenzkampf kommen, damit die eigenen Kinder programmieren lernen, da sie sonst möglicherweise (nach Hannah Arendt) weder „arbeiten" noch „produzieren" können. Es ist jedenfalls zweifelhaft, ob die Idee von Offenheit und individuellem Lernen, von Selbsterziehung des Menschen sich in nächster Zukunft durchsetzen wird. Der Gedanke, zum alten System des „denen zuhören, die sich auskennen", zurückzukehren, ist jedenfalls eine grässliche Vorstellung.

Als Beispiel zeige ich eine für die Montessori-Pädagogik typische Situation: ein offener, freier Raum. Die Kinder nehmen

*Vortrag, Wien, 23.11.2018 Übersetzung aus dem Englischen: Claudia Cavallar

sich einen Teppich und verwandeln ihn temporär in ihren persönlichen Bereich, in den Ort, an dem sie arbeiten, der nicht von anderen betreten werden darf. Diese Raumkonfiguration verkörpert beinahe perfekt die Idee der freien Erziehung. Wir Architekten müssen Räume herstellen, die alle möglichen Erfindungen von Erziehungsfachleuten zulassen – wir sind gewissermaßen deren Diener. Nach beinahe 60-jähriger Beschäftigung glaube ich zwar, mich etwas mit Pädagogik auszukennen – trotzdem: Es ist nicht mein Beruf. Abb. 2

Korridore

Garderoben zum Beispiel: Man kann sie so anlegen, dass sie keinen Korridor bilden. Ein Korridor ist das Furchtbarste, was ein Architekt machen kann. Ich beurteile die Qualität eines Architekten danach, wie lang seine Korridore sind, oder besser gesagt, je länger der Korridor, desto schlechter der Architekt. Ein Korridor oder Gang bedeutet das völlige Scheitern. Besonders in Bildungsbauten zählen die Kosten für jeden Quadratmeter; letztendlich sollte jeder Quadratmeter für den Unterricht nutzbar sein.

Strukturalismus

Was ich mit Bildern von römischen Amphitheatern erklären möchte, hat zu tun mit Strukturalismus. Die Idee des Strukturalismus verdeutlicht sich zum Beispiel in diesem römischen Amphitheater, das im Mittelalter als befestigte Stadt verwendet und schließlich wieder in seinen Originalzustand versetzt wurde. Ein Amphitheater desselben Typs wurde in Lucca zu einem Platz umgebaut. Die Bewohner dieser Häuser leben also mit/in all diesen Amphitheater-Elementen. Das verstehe ich unter Strukturalismus. Der hat in diesem Sinn nichts mit Strukturen zu tun. Das Problem ist, dass er natürlich auch mit Struktur zu tun hat, aber das ist ein Sprachproblem. Wenn man über Strukturalismus spricht, denken die Menschen immer, dass man die Struktur eines Gebäudes in den Vordergrund stellt. Das stimmt zwar auch, aber es berührt nicht das Wesentliche dieses Begriffs. Zur Aufklärung können wir auf Begriffe aus dem digitalen Bereich zugreifen: „Hardware" und „Software". Dann könnte man sagen, dass Struktur die Hardware eines Gebäudes ist. Und wir müssen diese Hardware frei halten für Ereignisse, die Noam Chomsky neben Kompetenz „Performances" genannt hat: für die verschiedenen Verwendungen, die im Laufe der Zeit damit möglich sind. Der Begriff Struktur ist zeitlos, für immer. *Was* man damit macht, ändert sich mit wechselnden Zeiten und Paradigmen. Wir als Architekten müssen lernen, gleichzeitig in den Begriffen Struktur und Hardware zu denken. Das versuche ich zu tun. Abb. 3a und b

Das gegliederte Ganze

Wir müssen auch bedenken, dass es nicht reicht, nur große Räume zu machen. Diese Räume sind manchmal unbrauchbar, weil man sich in ihnen kaum konzentrieren kann und weil keine Vorkehrungen getroffen wurden, damit Gruppen darin konzentriert arbeiten können. Wir Architekten müssen also lernen, Räume so zu gliedern, dass Einzelne und Gruppen etwa in geschützten Bereichen arbeiten, denken und unterschiedlichen Tätigkeiten nachgehen können und dabei trotzdem Teil des Ganzen bleiben. Austausch baut entscheidend auf Sichtkontakt auf. Zu einem geringeren Anteil darauf, dass man einander hört, da dadurch die Gruppe gestört werden kann. Ich finde, der Einsatz von Wandschirmen ist eine gute Idee, da dadurch die Möglichkeit zur Konzentration gefördert wird. Kinder gehen nicht in die Schule, nur um zu lernen, sondern um andere Kinder kennenzulernen und das ist wichtig und bereichernd. Daher muss Architektur überall Blickbeziehungen ermöglichen. Abb. 4

Eine Zeichnung illustriert die Idee der Gliederung. Bei gleich großer Grundfläche kann man den Raum so gliedern, dass sich darin verschiedene Gruppen als zusammengehörig empfinden und sie trotzdem in einem Raum sind. Die Raumgliederung bietet – in Ermangelung eines besseren Wortes – Schutz ohne Abschließung. Im Wesentlichen geht es darum, Orte zu schaffen, die die Bedingungen zur Konzentration und Zusammenarbeit erfüllen, aber mit dem Ganzen verbunden bleiben. Bei meinen ersten Versuchen, dieses Prinzip umzusetzen, habe ich einen zentralen Block platziert, an dem sich Menschen treffen konnten – eine Insel im Meer. Dieser Block zieht Menschen zum Zusammenarbeiten an oder zu einem Dutzend anderer Nutzungen, z. B. für Performances. Es geht darum, Menschen ein Gefühl von Ort zu übermitteln, so wie die Teppiche in der Montessori-Schule, die für alles Mögliche genutzt werden können. Abb. 5

Man könnte auch das Umgekehrte versuchen. Nachdem der Block ein Erfolg war, habe ich das versucht: eine Vertiefung im Boden, in der sich die Kinder zu Hause fühlen. Sie empfinden Gemeinschaft und sie konzentrieren sich auf die vortragende Person. In den letzten 60 Jahren habe ich diese Ansätze immer wieder auf unterschiedliche Arten ausprobiert, auch im Außenraum. Abb. 6

Maßstab

Ich habe dabei herausgefunden, dass kleinere Orte anders wirken. Die Menschen fühlen sich darin einigermaßen geborgen und geschützt, z. B. funktioniert das auch außen. In größeren Sandkästen sieht man häufig, dass die Arbeit anderer zerstört wird. Das Maß ist sehr wichtig, es hängt unmittelbar mit den sozialen Abläufen zusammen. In den Hohlräumen der Mantelsteine, die für eine Einfassung verwendet wurden, rühren die Kinder aus Sand und Wasser „Eiscreme" an, die sie dann an die anderen Kinder verkaufen. Sand und Wasser sind wichtig für Kinder, weil sie damit ihre eigene Welt formen können. Das gleiche Prinzip in einem anderen Maßstab findet man z. B. beim Eislaufplatz auf der Rockefeller Plaza in Manhattan. Abb. 7, 8

Ein (Schul-)Gebäude
sollte ein Gefühl
der Zugehörigkeit
vermitteln, das Gefühl,
Teil eines Ganzen zu
sein, egal ob es für
120 oder 1200 Schüler
bestimmt ist.

Vertrautheit

Ich lerne als Architekt, indem ich beobachte, wie meine Arbeit verwendet wird. Was für gewöhnlich ein nutzloser Raum unter der Treppe ist, kann durch Hinzufügen einiger Stufen verändert werden. Es hat sich herausgestellt, dass das bei den Kindern der beliebteste Platz in dieser Schule ist. Sie möchten alle gerne dort sitzen und finden es schade, dass es nur einen solchen Platz gibt, auch wenn er nicht sehr bequem ist. Menschen kommen die Treppe herunter und es fühlt sich an, als würden sie einem direkt über den Kopf trampeln, trotzdem mögen die Kinder diesen Ort wegen seiner Heimeligkeit. Gaston Bachelard (*La Poésie de l'espace*) hat über dieses Gefühl von „vergessenen Orten" in einem Haus geschrieben. Abb. 9

Stufen sind ein weiteres Konzept, das mich beschäftigt. In der Mitte der Montessori-Schule gibt es Stufen, auf denen die Menschen gerne sitzen und arbeiten. Einige haben sich, und das ist das Interessante, die Schuhe ausgezogen – man spürt eine gewisse Vertrautheit mit dem Ort. Es könnte aber auch sein, dass sie von ihren Eltern ermahnt wurden, nie die Schuhe auf den Tisch zu legen. Die Stufen sind aus Holz und vielleicht lesen die Kinder sie daher als eine Art Tisch. In den Amphitheatern waren die Stufen aus Marmor, aber in unserem Klima fasst sich Marmor im Allgemeinen kalt an, daher ist Holz als Sitzfläche besser geeignet. Abb. 10

Bewohnbarkeit I

Auf den Stufen der Columbia Universität in New York habe ich etwas über Architektur gelernt. Seit 1968 zeige ich bei allen meinen Vorträgen ein bestimmtes Bild. Es ist ein fundamentales Bild: Es zeigt, was ich denke, das zu tun ist. Diese Stufen sind eigentlich da, um zu beeindrucken. Dieses Element wurde von der Akropolis übernommen. Die Stufen der Akropolis führen zu einem heiligen Ort. Das Hinzufügen der Stufen macht aus der Bibliothek einen heiligen Ort. Man muss sich anstrengen um hinaufzugelangen: hinauf zu den Büchern und dem Wissen. Das ist – man muss es nicht extra erwähnen – die Sichtweise der Alten Welt. Als ich den Campus besucht habe, wurden die Stufen aber nicht als monumentaler Zugang zur Bibliothek genutzt, sondern als Rednertribüne, von der aus jemand der Zuhörerschaft erklärte, dass sich die Welt ändern müsste. Und alle saßen da einfach in der Sonne und es war klar, dass die ursprüngliche Bedeutung der Stufen in ihr Gegenteil verkehrt worden war: Die Menschen wenden den Büchern, der Wissenschaft, den Rücken zu und nutzen die Stufen einfach als einen Ort des Zusammenseins. Abb. 11

Diese Situation hat mir auch dabei geholfen, die Wichtigkeit von Behausung zu verstehen. Was auch immer ein Architekt tut, es sollte Menschen behausen, aufnehmen. Man sieht hier außerdem, dass Architektur bewohnbare Situationen schafft – Domestizierung. Wir leben in einer Welt, die komplex und wild

ist und von der wir entfremdet sind. Architekten sollten diese
Entfremdung bekämpfen und Dinge vertraut machen, Dinge
bewohnbar machen. Domestizieren ist das Zähmen des wilden
Tiers. Und das sollten wir tun.

Schule und Stadt

Ich habe eine Schule in Rom gebaut und sie in einen abgesenkten Platz gestellt. Sie ist
von Stufen umgeben, von wo man auf die Schule hinunterschaut. Die Stufen sind von
den Stufen an der Columbia Universität beeinflusst. Abb. 12a und b, 13

In jeder der Schulen, die ich geplant habe, habe ich Sitzstufen eingebaut – weil sie
immer gut funktionieren. Heute gibt es in Holland keine Schule ohne solche Stufen.
Denn es gibt kein Geld für offizielle Veranstaltungsräume, deshalb bauen wir nur noch
Vielzweckräume. Hier hat alles begonnen, in der Apollo Schule, die 1983 eröffnet wurde.
Das ganze Gebäude sollte *ein* Raum sein. Ich hasse nicht nur Gänge, sondern auch in
Geschosse zerschnittene Gebäude. All diese Gebäude, in denen man mit dem Lift oder
über Treppen in den zweiten, dritten oder 84. Stock gelangt. Ich verstehe, dass man
Dinge aufeinanderstapeln muss, aber meiner Meinung nach muss es ein räumliches
Mittel geben, das das Ganze verbindet. Du solltest dich nicht in deinem Arbeitsraum
A-3B allein fühlen, sondern du solltest ein Gefühl der Zugehörigkeit haben – das finde
ich wesentlich. Zuhause in Amsterdam grüße ich auf der Straße alle möglichen Leute,
und sie grüßen zurück, auch wenn wir uns nicht kennen. Ich denke, Zugehörigkeit ist
wichtig und kann von den Architekten gefördert werden.

Flexibilität

Ich versuche in einzelne Geschosse geteilte Gebäude zu vermeiden. Wir versuchen immer die Ebenen miteinander zu verbinden,
eigentlich eine Art durchgehende Ebene zu bilden; ein Kontinuum.
Treppenläufe sind in meiner Arbeit immer so angeordnet, dass
man in einer zickzackförmigen Bewegung geht. Statt übereinander
gelegene Podeste bevorzuge ich versetzte Anordnungen. Treppen
sind das wichtigste Element in einem Gebäude. Abb. 14 a und b

Ich spreche also stets über die „Hardware" – und nicht über
„Software" – und über das, was immer wichtig ist. Hardware
wird immer gebraucht und sollte so angelegt sein, dass sie die
Möglichkeiten bietet für was auch immer Menschen damit machen
wollen. Fabriken sind offene Räume. Aber es geht darum, dass
Räume nicht nur offen, sondern auch charakteristisch sein sollen,
unverwechselbar. Ein Betrachter sollte Unterschiede erkennen
können: Ich befinde mich in diesem Gebäude und nicht in irgend-
einem anderen.

Ein (Schul-)Gebäude sollte ein Gefühl der Zugehörigkeit
vermitteln, das Gefühl, Teil eines Ganzen zu sein, egal ob es
für 120 oder 1200 Schüler bestimmt ist. Man kennt vielleicht
nicht jeden Namen, aber man sollte sich als Person erkennen, die

im gleichen Gebäude zugange ist. Versuchen Sie, die Treppe zum Zentrum des Gebäudes zu machen. Lassen Sie den Verkehr, die Bewegung durch das Gebäude, frei fließen – das ist ein Punkt, an dem Architekten wirklich etwas erreichen können.

Mehrzweckgebäude

Ich habe Schulgebäude gemacht, bei denen man immer eine Verbindung über die Ebenen hinweg fühlt. Es ist eine Herausforderung die Brandschutzauflagen einzuhalten, aber wir finden Lösungen. In Holland hat die erweiterte Schule Fuß gefasst: Bibliothek, Polizeiwache und Klinik sind Teil der Schule. Die Schule ist nicht mehr eine Festung, sondern öffnet sich städtischen Funktionen. Abb. 15

So befindet sich unter der Treppe ein großer Lesesaal. Die Bibliothek ist eine öffentliche Bücherei, dadurch kommen Menschen auf der Suche nach einem Buch in die Schule. Aber auch die Kinder haben Bücher und Zeitschriften entdeckt und nutzen die Bücherei. Die öffentliche Bildungseinrichtung und die Tätigkeiten der Kinder in der Schule werden vermischt: Die Schule öffnet sich der Straße. Abb. 16

Straße und Stadt

Das bringt mich zum Thema Straßen. Eigentlich sollte die ganze Stadt nicht gerade eine Schule sein, aber auf Lernen aufbauen. Zu allen Zeiten haben Kinder auf der Straße gespielt. Solange man im Haus ist, sagen einem Vater oder Mutter, was man tun oder nicht tun soll. Aber auf der Straße bist du allein und verantwortlich für dein Verhalten. Und du lernst unter anderem zu unterscheiden, welche Leute okay sind und welche nicht. Abb. 17a und b

Wir ändern unsere städtische Umgebung so, dass diese Dinge gar nicht mehr möglich sind. Ein Kind, das in einem Hochhaus lebt, muss zuerst den Aufzug nehmen, um dann in einer entfremdeten Welt anzukommen. Auf einer Straße, wie ich sie plane, ist deine Haustür in der Nähe, falls es gefährlich wird. Mutter und Vater haben ein Auge auf die Kinder. Diese Verbindung zwischen Haus, Straße und Schule ist wesentlich. Aber heutzutage laufen wir Gefahr sie zu verlieren. Aldo van Eyck, ebenso wie Jane Jacobs, war der erste, der die Idee aufbrachte, dass eine Stadt zuerst und vor allem für Kinder geeignet sein sollte. Wer hat entschieden, dass die Welt für Erwachsene da ist und Kinder bloß nicht fertig ausgewachsene Erwachsene sind? Ein sehr zweifelhaftes Paradigma. Ich könnte genauso gut behaupten, dass die Welt für Kinder da ist. Junge Menschen sind anpassungsfähiger als Erwachsene, daher müssen wir die Städte vor allem für sie anlegen.

Aldo van Eycks größte Leistung sind all diese Spielplätze im städtischen Umfeld. Dadurch strich er heraus, dass Städte vertraute Orte für Kinder sein sollten und nicht nur dem Fließen des

Verkehrs dienen. Ich weiß, dass Verkehr aus wirtschaftlichen Gründen notwendig ist, aber er verhindert alle Möglichkeiten für Kinder. Van Eycks Idee von Spielplätzen ist ein kolossaler Beitrag zu unserem Denken. Abb. 18

Bewohnbarkeit II

Ich bin sicher, dass diejenigen, die diesen Handlauf entlang einer Stufenanlage hergestellt haben, nicht an Kinder gedacht haben, sondern einfach nur daran, einen Handlauf herzustellen. Er ist aber vollkommen für die Benützung durch Kinder geeignet, wenn sie daran herumturnen, daher ist er für mich ein Beispiel, wie wir unsere Städte gestalten sollen. Abb. 19

Jeden Ort, den man macht, sollte man auch so machen, dass er auch wirtlich ist. Wenn man einen Pfeiler macht, kann man ihn so machen, dass er jemandem Obdach gibt.

Architekten versuchen immer zu beindrucken, sie wollen mit etwas noch nie Dagewesenem Aufmerksamkeit bekommen. Ich verfechte einen anderen Zugang. Also eigentlich nur einen anderen Weg zu arbeiten oder zu denken. In Italien haben Gebäude einladende Sockel, die von Einheimischen und Touristen genutzt werden. Eine ägyptische Säule kann auch einen Sitzplatz anbieten, wie auch z. B. am Petersplatz. Bernini dachte vermutlich daran, dass seine Säulen nach der klassischen Ordnung eine Basis brauchen. Aber wesentlich ist, dass es funktioniert hat. Und das zählt. Für sämtliche Architektur, die wir machen, gilt das Kriterium: Funktioniert sie oder nicht? Die meiste Architektur ist fantastisch und zeigt vielleicht neue Möglichkeiten. Aber funktioniert sie? Abb. 20, 21, 22

Die Alhambra zelebriert das Wasser in einer heißen Klimazone. Man hört es, es reflektiert, es kühlt – man muss es gesehen haben. Nachdem ich gerade von einem Besuch der Alhambra zurückgekommen war, nahm ich die Idee auf und machte eine Rinne mit Sand und Wasser. Kinder können herausfinden, was passiert, wenn man Sand ins Wasser gibt. Das Wasser wird gestaut und flussabwärts fragt man: „Wo ist mein Wasser? Du hast es angehalten." Die Rinne wird ein Lehrbehelf – man lernt etwas über soziale Gefüge. Abb. 23, 24

Zurück zum Petersplatz, ein fantastisches Beispiel dafür, wie Architektur Menschen zusammenbringt. Ich spreche nicht darüber, was sie tun: ob es sich um eine Demonstration gegen oder für die Kirche handelt, ist sekundär. Wesentlich ist die Fähigkeit von Architektur, Menschen zu beherbergen. Abb. 25

Noch zwei Beispiele: Die Pyramiden von Gizeh haben eine große Außenexposition, aber kein „Inneres". Sie sind fast völlig massiv. Das andere Bild ist ein „Innen" – das Theater von Epidauros – aber es hat kein „Äußeres", da es in die Landschaft eingegraben ist. Die Pyramiden wurden für eine Person gebaut, Epidauros als Ort an dem zehn- bis zwanzigtausend Menschen zusammenkommen. Das sind zwei Arten von Architektur. Beide sehr schön. Es geht nicht darum, dass ich die Pyramiden nicht mag – sie sind landschaftlich großartig. Aber ich fühle mich mehr zu Epidauros hingezogen, weil es Menschen erlaubt zusammenzukommen. Und eigentlich führt es immer zum Gleichen zurück: Was auch immer wir tun, wir müssen uns für die Würde des Menschen einsetzen. Abb. 26a und b

Abb. 1 Offene Raumkonfiguration
Abb. 2 „The Montessori condition"
Abb. 3a, b Arles, France

Herman Hertzberger

Abb. 4 H. Hertzberger, NHL University Leeuwarden, 2004–2010

Abb. 5 H. Hertzberger, Podiumblock, Montessori-Schule in Delft, 1960, 1966–1981

Abb. 6 H. Hertzberger, Sitzgrube, Montessori-Schule in Delft, 1960, 1966–1981

Abb. 7 H. Hertzberger, Sandspielplatz, Montessori-Schule in Delft, 1960, 1966–1981

Abb. 8 Eislaufplatz, Rockefeller Center, New York

Abb. 9 Beliebtester Platz einer Schule

Abb. 10 H. Hertzberger, Montessori-Schule (Apollo-laan Schulen), Amsterdam, 1980–1983

Abb. 11 Stufen vor der Bibliothek, Columbia University, New York

Herman Hertzberger

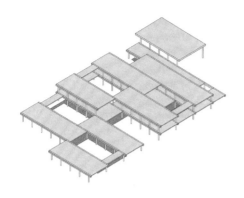

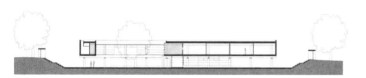

Abb. 12a H. Hertzberger mit Marco Scarpinato,
Isometrie, Raffaello Volks- und Hauptschule, Rom,
2005–2012
Abb. 12b H. Hertzberger mit Marco Scarpinato,
Raffaello Volks- und Hauptschule, Rom, 2005–2012
Abb. 13 H. Hertzberger mit Marco Scarpinato, Schnitt,
Raffaello Volks- und Hauptschule, Rom, 2005–2012

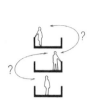

Abb. 14a, 14b, 15 H. Hertzberger, Halle mit versetzten Geschossen, Montessori College Oost, Amsterdam, 1993–2000

Abb. 16 H. Hertzberger, Erweiterte Schule Presikhaven, Arnhem, 2006–2009

Abb. 17a H. Hertzberger, Haarlemmer
Houttuinen Housing, Amsterdam, 1979–1982
Abb. 17b Straßenszene auf der Insel Nias
Abb. 18 Aldo van Eyck, Spielplatz Zeedijk,
Amsterdam, 1955

Lernen. Eine städtebauliche Untersuchung

Abb. 19 Gestufte Straße im Norden Frankreichs
Abb. 20 H. Hertzberger, De Vogels Volksschule,
Oegstgeest, 1998–2000
Abb. 21 Doppeltempel von Kom Ombo
Abb. 22 Gian Lorenzo Bernini, Kolonnaden am
Petersplatz, Rom

Abb. 23 Die Alhambra, Granada
Abb. 24 H. Hertzberger, Montessori-Schule in Delft,
1960, 1966–1981
Abb. 25 Petersplatz, Rom
Abb. 26a Pyramiden von Gizeh
Abb. 26b Das Theater von Epidauros

Lernen. Eine städtebauliche Untersuchung

Marika Schmidt

Schule als Gesellschaftsraum.
Fragment einer Sehnsucht

Die Räume der Schulen haben sich in den vergangenen Jahren zu Lernwelten gewandelt. Im besten Fall ist Schule heute weit weg von der Lehranstalt und auf dem Weg zu einem Erfahrungsraum. Doch die Schule ist – über die reine Funktion als Bildungsstätte hinaus – als sozialer Raum ein die Menschen unterschiedlicher Generationen und Bevölkerungsgruppen verbindender Ort des Austauschs, dessen Gesellschaft-stiftendes Potenzial es noch zu entdecken gilt.

Nach einem Jahrhundert von Experimenten zwischen Gesundheit, Gemeinschaftswille, Raumstrukturen und Lehrdidaktik besteht unter Pädagogen weitestgehend Einigkeit darüber, dass der Klassenraum allein nicht ausreichend ist für eine effektive Wissensvermittlung und die Vorbereitung der Heranwachsenden auf die Herausforderungen der heutigen Zivilgesellschaften. Nach und nach wandelten sich so allgemein genutzte Räume, welche die Räume mit absoluter Bestimmung wie Klassenräume, Fachräume usw. verbinden, in zusätzliche, altersgerecht differenzierte Lernräume, die aus Bereichen für gemeinschaftliches Lernen, Lernen in Kleingruppen sowie individuelles Lernen bestehen. Durchgesetzt hat sich auch das Modell der Ganztagsschule von 8 bis 16 Uhr, um individuelle Förderung besser zu integrieren und mehr Möglichkeiten für programmatische Differenzierungen in den Lernalltag zu bringen. Dies führt auch zu gestiegenem Bedarf an Rückzugs- und Ruheräumen für Schüler und Lehrer. Immer komplexer werdende räumliche Anforderungen an Schulgebäude, Außenräume und Sportmöglichkeiten haben seit den 1930er Jahren Schulen vielerorts aus zentralen Lagen in innerstädtische Brachen, an die Peripherie oder an den Stadtrand auf die grüne Wiese gebracht.

Vom Dazwischen zum Lernraum

Die Räume einer Schule spiegeln seit jeher gemeinschaftliches Wesen und Ideale der jeweiligen Gesellschaft wider, für die sie gedacht und gebaut wurden.[1] Max Taut führt mit der Schule in Berlin-Lichtenberg (1927–1932) eine von konstruktiver Materialität, Licht und Farben geprägte,[2] an den Einzelnen gerichtete Architektur in den Schulbau ein, die im Gegensatz zu den damals vorherrschenden zentralistisch organisierten Lehranstalten der Kaiserzeit mit ihrem Repräsentationsbedürfnis steht. In der Bundesschule in Bernau von Hannes Meyer (1928–1930) wird bereits mit dem Gefüge der Baukörper in der Landschaft eine Gemeinschaft aus gleichwertigen Gliedern formuliert, die sich im Inneren in Räumen für die individuelle Aneignung fortsetzt.[3] Exemplarisch für eine

Im Zuge der Demokratie-
bewegungen der
1960er Jahre und des
endgültigen Bruchs mit
tradierten Hierarchien
entstehen Schulen, die
sich baulich stark
unterscheiden und
die Gemeinschaft in den
Mittelpunkt stellen.

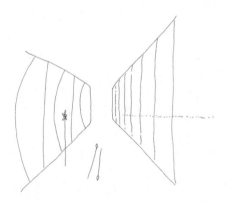

Abb. 1 Schulgemeinschaft
Abb. 2 Verortung

Marika Schmidt

Reihe von Schulbauten zu Beginn des 20. Jahrhunderts, die vor dem Hintergrund der Bekämpfung der Tuberkulose entstehen,[4] ist die Freiluftschule für das gesunde Kind in Amsterdam (1927– 1938) von Johannes Duiker. Wie eine Aufforderung in ein Wohnumfeld platziert, werden innerhalb der seriellen Struktur des raumbildenden Tragwerks alle Nutzer zu Gleichen erklärt und jeweils zwei Klassen um einen wahlweise zuschaltbaren Freiluftraum zu einer Gemeinschaft zusammengefasst. Giuseppe Terragni definiert den Kindergarten Sant'Elia in Como (1936/37) als Lebensraum, der sich aus einem additiven Gefüge aus Gemeinschaftsbereichen und einer davon abgewandten Lernzone aus untereinander kombinierbaren Gruppenräumen zusammensetzt. Der Korridor als solcher hat ausgedient, denn er ist ebenfalls als Erweiterung der Gruppenräume aktivierbar.[5]

Die Schulbauentwürfe der Nachkriegsjahre suchen noch deutlicher nach Gebäudeformen für eine Gemeinschaft ohne hierarchisches Repräsentationsbedürfnis. Alison und Peter Smithson schaffen in der Secondary Modern School in Hunstanton (1949– 1954) mittels Anordnung und Proportionierung der Raumkörper um eine doppelgeschossige Aula herum sowie der geschossweisen Trennung von Gemeinschafts- und Lernräumen aus der scheinbar beiläufigen Aneinanderreihung der Räume eine dreidimensionale Gleichzeitigkeit gleichwertiger Ereignisse.[6] Mit dem Entwurf für die Volksschule in Darmstadt (1951) erklärt Hans Scharoun die Schule als „Abbild einer demokratischen Gesellschaft",[7] in der Kinder mit unterschiedlichen Bedürfnissen eine in sich gegliederte, verantwortliche Gemeinschaft bilden. Die Räume dieser Schulgesellschaft sind in öffentliche, halböffentliche und private unterschieden sowie der Nutzung und den Nutzern entsprechend ausgearbeitet. Die Schulhäuser der jeweiligen Altersgruppen werden in heutigen Lernclustern wieder aufgegriffen. Im Städtischen Waisenhaus in Amsterdam (1955–1960) differenziert Aldo van Eyck das Verhältnis von Individuum und Kollektiv[8] weiter aus. Es gibt die städtische, die Haus- und die Wohngemeinschaft sowie den Einzelnen. Die Außenräume werden graduell ins Innere überführt. Die Durchwegung wird zu weitverzweigten, nicht hierarchischen inneren Straßen, das Haus zur Stadt. Etwa zeitgleich entsteht die Schule in Lünen von Hans Scharoun (1955–1962). Die Thesen von Darmstadt werden auch hier mit städtischen Motiven wie der zentralen Pausenhalle als öffentlicher Plaza, Seitenstraßen oder altersgerecht nutzbaren Klassenwohnungen weiterentwickelt.[9] Während van Eyck und Scharoun zwischen öffentlich und privat sowie zwischen gemeinschaftlichem Lernen und gemeinschaftlichem Leben unterscheiden, hebt Herman

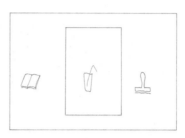

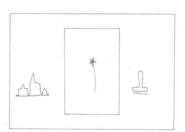

Abb. 3 Schule

Abb. 4 Schule, Individuum, Gesellschaft

Hertzberger in der Montessori-Schule in Delft (1960–1970, Erweiterungen 1977–1981, 2007–2009) erstmals die Schwelle von Lernen und Lernraum auf.[10] Es werden nicht nur die Nutzer der Schule zur Gemeinschaft erklärt, sondern auch die gemeinschaftlich nutzbaren Räume in den aktiven Gebrauch der Wissenserfahrung, des Lernens miteinbezogen. In Dänemark fasst Arne Jacobsen in der Munkegård-Schule in Gentofte (1948–1957) die Anforderungen an eine moderne Schule in einer hierarchielosen, seriellen Struktur zusammen, deren parallele Ereignisse einerseits die Schulgemeinschaft betonen, der kleinen Gruppe Raum geben und andererseits durch die optische Abwesenheit großer Baumassen der Präsenz der Institution Schule mit Beiläufigkeit begegnen.[11]

Im Zuge der Demokratiebewegungen der 1960er Jahre und des endgültigen Bruchs mit tradierten Hierarchien entstehen Schulen, die sich baulich stark unterscheiden und die Gemeinschaft in den Mittelpunkt stellen. Die Freie Universität in Berlin von Candilis, Josic und Woods (1963–1973) bietet als ein Ort des Austauschs von Ideen und Informationen mit einer hierarchielosen Struktur für Aktivität, Studium und Erholung verschiedene Kategorien von Räumen für unterschiedliche formelle und informelle Gemeinschaften an.[12] In der Nachbarschaftsschule in Oppelsbohm von Günther Behnisch & Partner (1966–1969) kann durch die kreisförmige Anordnung gleicher Raumeinheiten um einen zentralen Luftraum auf Korridore verzichtet und gleichzeitig diese Mitte als Aktionsraum belebt werden.[13] Durch die visuelle Verbindung der Raumeinheiten mit dem Zentrum ist die Gemeinschaft immer präsent. Auch in den Apollo-Schulen in Amsterdam von Herman Hertzberger (1980–1983) steht durch die optische Verbindung der Räume um einen zentralen Raum die Gemeinschaft im Mittelpunkt. Doch hier wird das Individuum innerhalb der Gemeinschaft gefördert, indem Gruppenarbeitsplätze in der Klasse und individuelle Lernorte[14] entlang und vom zentralen Raum abgewendet angeboten werden und so die Schule zu einem vielgestaltigen Möglichkeitsraum wird. In der Multschule in Weinheim der Planungsgruppe Klein (1970–1972) besteht die Unterscheidung zwischen Klasse und Gemeinschaft nur noch in der geografischen Lage, nicht mehr in räumlicher Prägung. Schule wird als Bereitstellung von überwiegend undifferenzierten, weiten Flächen[15] verstanden. Der für die Typenschulen der DDR[16] beispielhafte Typ Potsdam aus dem VEB Bezirkskombinat Potsdam (1964–1967) veranschaulicht das Motiv, ressourcensparend und zweckmäßig zu bauen sowie eine strikte hierarchische Ordnung zu gewährleisten. Gemeinsam ist beiden Schulen, dass eine Gemeinschaft gefördert wird, die nicht aus Individuen besteht. Auf der Seite der Bundesrepublik gibt es Kontrolle durch die Gruppe, die sich aus Gleichen mit gleichen Bedürfnissen zusammensetzt; in der DDR wird die Gemeinschaft absolut kontrolliert, das Individuum hat keine Bedürfnisse. In beiden Fällen wird eine nicht existente Gleichheit beschworen, die langfristig keinen Bestand haben kann. Bei der Scuola ai Saleggi in Locarno von Livio Vacchini (1969–1978) und der Mittelschule in Morbio Inferiore von Mario Botta (1972–1977) handelt es sich um architektonische Großstrukturen, deren Konstruktion zugleich Dekor ist und in denen durch die Wiederholung allgemein nutzbarer Räume und Sichtbeziehungen der Gemeinschaft Raum gegeben wird. Die Grundschule verkörpert darüber hinaus eine moderne Freiluftschule, die städtische Motive wie Arkaden, Laubengänge, Plätze und Gärten in sich vereint.[17] Bei der Mittelschule kommt noch das Moment der vertikalen Varianz innerhalb der raumbildenden Betonstruktur hinzu, die mit unterschiedlichen räumlichen Konfigurationen den verschiedenen Nutzungen optimale Bedingungen verschafft.[18]

Der Architekt Adolf Krischanitz schuf in der Lauder Chabad Schule in Wien (1996–1999) Gemeinschaftlichkeit aus der räumlichen Disposition der allgemein genutzten Räume im Gesamtgefüge des Hauses[19] sowie der Zuordnung der Haupterschließung mit visuellem Bezug zu diesen. Wie schon in Wien ist auch bei den Schulgebäuden in Basel und Zürich die Haltung präsent, das Schulhaus als Element der Stadt in seiner Architektursprache als ein städtisches Haus innerhalb seines Kontexts zu verorten. Quintus Miller und Paola Maranta reagieren mit dem städtebaulichen Volumen und der Fassadengestaltung des Volta-Schulhauses in Basel (1996–2000) auf das gemischte städtische Umfeld[20] und erklären zugleich durch die Wiederholung von Fassaden und Außenräumen im Inneren das Schulhaus als Stadt in der Stadt. Die Verzweigungen der inneren Räume ermöglichen Rückzug und Gemeinschaft. In der Schulanlage Im Birch in Zürich von Peter Märkli (2000–2004) wird der additiv raumbildende Ansatz des städtebaulichen Ensembles im Inneren in immer kleinere Einheiten bis hin zum Jahrgangscluster überführt.[21] Die Gemeinschaft des Jahrgangs wird so zu den Gemeinschaften von Schule und Stadt in Beziehung gesetzt. Das Schulhaus Im Birch, Zürich, zeigt auch, welcher Aufwand teilweise nötig ist, um gestiegenen Brandschutzanforderungen Rechnung zu tragen, denn die Unterscheidung in Cluster und Zirkulationsflächen entspricht den verschiedenen Brandabschnitten. Beim Schulhaus Leutschenbach in Zürich (2002–2009) gelingt es Christian Kerez durch die äußere Anordnung der Fluchtwege, das Innere als gemeinsame möblierbare Aktionszone mit offenen, die Geschosse verbindenden Treppen herzustellen. Darüber hinaus wird mit dem Stapeln der Flächen das umliegende Grundstück auch der Umgebung zur Naherholung zur Verfügung gestellt.[22]

Momentan gibt es im Wesentlichen drei neuere Tendenzen, Schulen auszubilden. Für die Oberstufe hat es sich bewährt, Räume für fachspezifischen Unterricht zu separieren und zugleich Zirkulationsflächen, Räume für allgemeinen Unterricht und Räume für individuelles Lernen zu einer vielgestaltigen Lernlandschaft zusammenzufassen. Ein

Marika Schmidt

Beispiel dafür ist die Junior High School in Iwadeyama von Riken Yamamoto & Field Shop (1994–1996), in der die Ereignisse sich in einem langen Raum auf verschiedenen Ebenen begegnen.[23] Im Ørestad-Gymnasium in Kopenhagen von 3XN Architects (2003–2007) wird die Landschaft um einen zentralen Luftraum zum inneren Campus aus separierten Fachräumen, Hörsälen und Spezialräumen, freien Lernzonen und Rückzugsräumen[24] – der eigenverantwortlich handelnde Schüler bewegt sich frei im Gemeinschaftsraum. Ein anderes Modell verfolgen Clusterschulen wie die Grundschulen in modularer Bauweise in München von Wulf Architekten (2014–2017). Basierend auf dem „Münchner Lernhaus" sind Lernhausmodule um zentrale Erschließungen zu einem Gebäude zusammengesetzt. Ein Lernhausmodul besteht aus je vier Unterrichtsräumen, die mit zwei zwischengeschalteten Räumen für die ganztägige Betreuung sowie einem Arbeitsraum für Lehr- und Betreuungspersonal um einen zentralen Gemeinschaftsbereich gruppiert sind. Grundschulen, deren Lehrangebote nicht so stark differenziert sind und in denen sich die Förderung und die individuelle Betreuung des einzelnen Kindes immer mehr durchsetzen, eignen sich offenbar deutlich besser für das Lernen im kontinuierlichen Raum: Während in der Hellerup-Schule (2000–2002) von Arkitema durch die geschickte Dimensionierung von weitläufigen Lernebenen, kleinen Lufträumen und einzelnen Raumkörpern um ein zentrales Auditorium ein abwechslungsreiches Lernumfeld geschaffen wird,[25] bilden in der Grundschule im japanischen Uto (2008–2011) vom Büro Coelacanth CAt zueinander versetzte L-Schalen eine differenzierte Innen-/Außenwelt,[26] in der offen gefügte Räume die Gruppen im Gesamtzusammenhang verorten, durch perspektivische Verdichtung Schutz bieten und zugleich vielfältige Blickbezüge und zufällige Begegnungen ermöglichen. Anders als in den Versuchen der 1970er Jahre sind diese Räume nicht absolut, sondern vielgestaltig und dadurch interpretations- und nutzungsoffen, gemeinschaftlich verbindend und zugleich individuell fördernd.

Zwischenstand

Verständnis, gegenseitige Akzeptanz und ein selbstkritisches soziales Miteinander beruhen auf Wissen, Begegnung und Austausch. In den städtischen und ländlichen Räumen heutiger Gesellschaften steht immer weniger nicht kommerzialisierter Raum zur Aneignung für jedermann zur Verfügung. Gesellschaftshäuser und Kulturbauten mit differenzierten Raumprogrammen sind praktisch aus unserem Alltag verschwunden, kleine Kommunen und Stadtbezirke können sich Bibliotheken meist nicht mehr leisten. Kongruent zum Verschwinden nicht kommerzieller öffentlich zugänglicher Räume aus der Gesellschaft haben Zentralbibliotheken in großen Städten eine Renaissance als Arbeits-, Lern-, Denk-, Veranstaltungsräume und Treffpunkte erfahren. Wir wissen längst um die Bedeutung der Bildung für gesellschaftlichen Wohlstand und die Gleichheit von individuellen Entwicklungsmöglichkeiten. Schulen sind heute neben den Bibliotheken die letzten verbliebenen nicht-kommerzialisierten Räume, in denen sich Menschen unterschiedlichen Alters und unterschiedlicher Herkunft begegnen.

Schule als Begegnungsraum

Die Bereitstellung von Angeboten für die kommunale Gemeinschaft sowie die Integration öffentlicher Einrichtungen wie z.b. Stadtteilbibliotheken in Schulen ist in den vergangenen Jahren in verschiedenen Ländern zunehmend thematisiert worden. In der Public School Jardim Ataliba Leonel in São Paulo (2004–2006) von Ângelo Bucci und Álvaro Puntoni ist die Integration der multifunktionalen Sportfläche als zentraler, öffentlich zugänglicher Raum auch soziales Statement;[27] hier sollen im dicht besiedelten Vorort durch die Reduktion von Schwellen Vorbehalte gegenüber Bildungsangeboten abgebaut werden, um die Gesellschaft über Bildung weiterzuentwickeln. Auch Will Alsop hat mit dem experimentellen Entwurf der Exemplar School für einen Londoner Vorort (2003) kommunale Angebote repräsentativ in das Erdgeschoss und das Dachgeschoss integriert, um die Schule als sozialen Mittelpunkt des Viertels zu verankern, während die gemeinschaftlich nutzbare freie Lernzone das Innere der Schule prägt.[28] In der Sydhavn-Schule in Kopenhagen von JJW Arkitekter (2010–2014) sind Foyer und Veranstaltungsflächen öffentlich nutzbar. Darüber hinaus wird die Schule mit einer Tagesklinik, einem pädagogischen Servicecenter mit Weiterbildungsangeboten und Spielflächen auf dem Dach als Gemeindezentrum des neuen Viertels aktiviert.[29] Das Primarschulhaus Vinci in Suhr (2014–2017) von pool Architekten beinhaltet im Erdgeschoss mit einem öffentlich zugänglichen Mehrzweckraum auch die Gemeindebibliothek der Stadt.[30]

Abb. 5 Schulgesellschaft

Schule neu programmiert

Schulen übernehmen die Funktion von Gemeinde- oder Stadtteil-
zentren, da hier per se Räume für größere oder kleiner Veranstal-
tungen vorhanden sind, die sich mühelos mit übergeordneten
Nutzungen wie Bibliotheken, Heimatmuseen, Arzt- und Sozial-
stationen für jedermann kombinieren lassen. Die Cafeteria wird
zur Dorfspeisung, Mehrzweckräume zum Versammlungsraum,
das Auditorium zur abendlichen Veranstaltungsfläche, der Unterrichtsraum zum Treffpunkt für Handarbeitsgruppen. Schule
wandelt sich zum Ort des Austauschs, der Begegnung unterschiedlicher Altersgruppen und sozialer Schichten zur täglichen Übung
von Gemeinschaft und gegenseitiger Verantwortung.

Damit diese neue Art der Programmierung der Schulen in
ihrem Umfeld wirksam werden kann, ist es erforderlich, sie in
den Wohnzentren der Städte und Gemeinden zu halten, damit ihre
Angebote auf möglichst kurzem Weg verfügbar sind. In Ländern
wie Dänemark, Holland oder Japan schafft man es, durch kom-
pakte und barrierefreie städtebauliche Verortung die Integration
der Schulen in ihr Umfeld zu verbessern und über die Integration
öffentlicher Funktionen in Teilbereichen die Schule ganztägig für
die Allgemeinheit zugänglich zu machen.

Wenn Schule gelingt, ist sie freie Erfahrungswelt. Dies
braucht Räume, die zur Eroberung, zum Gebrauch und zur Kon-
templation anregen, die Möglichkeiten für Aktion bieten, in denen
man sich zu anderen positionieren und verhalten kann. Räume,
die bewohnbar sind in dem Sinne, dass sie Verortung ermöglichen
und zugleich bestimmt und nutzungsoffen sind, sodass sie von
unterschiedlichen Gruppen zu unterschiedlichen Zeiten auf immer
wieder neue Weise in Gebrauch genommen werden können.

Der Raumbedarf von Schulen wird sich entsprechend den
pädagogischen Zielen einer Gesellschaft anpassen, Schüler- und
Nutzerzahlen werden sich ändern. Wir brauchen ein Mehr an
sozialer Gemeinschaft in unseren Schulen, um eben genau diese
architektonisch interessanten und gesellschaftlich relevanten Fragen
zu stellen und typologisch nicht im Jetzt zu verharren, sondern
wieder mit Raum und strukturellen Angeboten unsere zukünftige
gesellschaftliche Entwicklung zu gestalten.

1 Marika Schmidt / Rolf Schuster: *Schulgesellschaft.*
Vom Dazwischen zum Lernraum – 30 Schulgebäude im
Vergleich, Berlin 2014; siehe vor allem Marika Schmidt:
Einleitung, 8–11, sowie dies. mit Studierenden der
TU Braunschweig: „Vom Dazwischen zum Lernraum.
Allgemeine Räume im Schulbau: eine Materialsamm-
lung", 17–80.

2 Anette Menting: *Max Taut. Das Gesamtwerk*,
München 2003, 102–108.

3 Hans-Jürgen Winkler: *Der Architekt Hannes Meyer.*
Anschauungen und Werk, Berlin 1989, 91–106.
Brandenburgisches Landesamt für Denkmalpflege: *Die*
Bundesschule des ADGB in Bernau bei Berlin: 1930–
1983 / Hannes Meyer und Hans Wittwer. Eine Annähe-
rung von Jonas Geist und Dieter Rauch, Potsdam 1993.

4 Jan Molema: *ir. J. Duiker*, Rotterdam 1989, 106–119.

5 Thomas L. Schumacher: *Surface & Symbol.*
Guiseppe Terragni and the Architecture of Italian
Rationalism, Berlin 1991, 246–252.

6 *The Charged Void / Alison and Peter Smithson*,
New York 2001, 40–67.

7 Peter Blundell-Jones: *Hans Scharoun*, London 1995.
Michael Bender / Roland May: *Architektur der fünfziger*
Jahre. Die Darmstädter Meisterbauten, Stuttgart 1998.
Johann Christoph Bürkle: *Hans Scharoun und die*
Moderne. Ideen, Projekte, Theaterbau, Frankfurt / Main
1986. Michael Luley: *Eine kleine Geschichte des*
deutschen Schulbaus – vom späten 18. Jahrhundert bis
zur Gegenwart, Frankfurt / Main 2000, 64–70.

8 Vincent Ligtelijn: *Aldo van Eyck. Werke*, Basel 1999,
88–109. Francis Strauven: *Aldo van Eyck. The shape of*
relativity, Amsterdam 1998.

9 Peter Pfannkuch / Hans Scharoun: *Hans Scharoun.*
Bauten, Entwürfe, Texte, Berlin 1974. Bruno Wieloch /
Jo Zimmermann: „Geschwister-Scholl-Mädchen-
Gymnasium", in: *Bauwelt* 37/1960, 51. Ulrich
Brinkmann: „Gutachten zur Sanierung der Geschwister-
Scholl-Schule", in: *Bauwelt* 8/2008, 99. Kaye Geipel:
„Geschwister-Scholl-Gymnasium", in: *Bauwelt*
25/2013, 104.

10 Herman Hertzberger: *Space and Learning. Lessons*
for Students in Architecture 3, Rotterdam 2008, 31ff.
Ders. / Abram de Swaan: *The Schools of Herman*
Hertzberger, Rotterdam 2009, 162–167.

11 Carsten Thau/Kielt Vindum: *Arne Jacobsen*, Kopenhagen 1998, 369–381. Klaus Käpplinger: „Ein nationales Denkmal im Umbruch", in: *DBZ* 03/2010.

12 Manfred Schiedhelm: „Rost oder Aluminiumhaut?" in: *DBZ* 01/1980, 27. Architectural Association London: *Exemplary Projects 3: Berlin Free University. Candilis, Josic, Woods, Schiedhelm*, London 1999.

13 Peter Blundell-Jones: *Günter Behnisch*, Basel 2000, 34–35. *Behnisch & Partner. Bauten und Projekte*, Stuttgart 1996, 196–197. Günter Behnisch/Manfred Sabatke: „Vielfalt und Demokratie – 50 Jahre Schulbau bei Behnisch & Partner", in: *Detail* 3/2003, 43, 148.

14 Hertzberger 2008, 50. Hertzberger/de Swaan 2009, 154–161 (s. Anm. 10). Herman van Bergeijk: *Herman Hertzberger*, Basel 1997, 78. *Articulations Herman Hertzberger*, München 2002, 96. Arnulf Lüchinger: *Herman Hertzberger. Bauten und Projekte 1959–1986*, Den Haag 1987, 270.

15 Frantz O. Kerschkamp: „Umplanungen der Gesamtschule Weinheim 1975 und 1976", in: *Baumeister* 03/1976, 187. Ruth Werner: „Die Mittagsmahlzeit in der Ganztagsschule", in: *Bauwelt* 7/1975, 64, 215. D. Brigola: „Küche und Mensa der ‚Multschule' Weinheim", in: *Bauwelt* 7/1975, 64, 207. Institut für Schulbau Stuttgart/Kultusministerium Baden-Württemberg: *Modell einer differenzierten Gesamtschule: Programmierung und Auswertung des Wettbewerbes Weinheim/Bergstraße*, Bericht des Instituts für Schulbau der Universität Stuttgart (TH) in Zusammenarbeit mit einer Planungsgruppe. Villingen 1970. H. P. Klein/F. O. Kerschkamp: „Multschule Weinheim", in: *Bauwelt* 3/1974, 63. Luley 2000, 82–87 (s. Anm. 7).

16 Manfred Scholz: „Typenschulen der DDR", in: *Detail* 9/2009, 900. ZNWB Zentralstelle für Normungsfragen und Wirtschaftlichkeit im Bildungswesen: *Typenschulbauten in den neuen Ländern – Modernisierungsleitfaden*, Berlin 1999.

17 Werner Blaser: *Transformation – Livio Vacchini*, Basel 1994, 34–45.

18 Emilio Pizzi: *Mario Botta. The Complete Works Volume 1: 1960–1985*, Zürich 1993, 38–45.

19 Friedrich Achleitner: „Bilderlose Architektur. Lauder Chabad Schule im Augarten", in: *Bauwelt* 10/2000, 91.

20 Daniel Kurz (Hg.)/Alan Wakefield: *Schulhausbau –*

der Stand der Dinge. Der Schweizer Beitrag im internationalen Kontext, Basel 2004, 152–155. Susanne Schindler: „Volta-Schulhaus in Basel", in: *Bauwelt* 5/2002, 93.

21 Kurz/Wakefield 2004, ebd., 92–95.

22 Christoph Wieser: „Starke Einheit – Schulhaus Leutschenbach", in: *Werk, Bauen+Wohnen* 11/2009. Kurz/Wakefield 2004, ebd.

23 Riken Yamamoto/Wilhelm Klauser: *Riken Yamamoto*, Basel 1999. Klauser: „Iwadeyama Junior High School", in: *Bauwelt* 9/1997, 88.

24 Allen de Waal: „Ørestad-Gymnasium"; in: *Bauwelt* 43/2010, 101, 40.

25 Kurz/Wakefield 2004, 192–195 (s. Anm. 20). Hertzberger 2008, 61–62 (s. Anm. 10).

26 Jan Dominik Geipel: „Uto, eine Schule ohne Wände", in: *Bauwelt* 25/2013, 103, 24. Henrike Rabe: „Noch vor der Fertigstellung waren die Plätze in der Schule ausgebucht", in: *Bauwelt* 25/2013, 103, 30.

27 Mark Dudek: *Schulen und Kindergärten. Entwurfsatlas*, Basel 2007, 184–185.

28 Ebd., 186–187.

29 JJW Arkitekter: *Sydhavnsskolen – Projektforslag 21. maj 2010*, Kopenhagen 2010.

30 Christine Gabler: „Schule Vinci in Suhr", in: *Bauwelt* 12/2018, 28–31.

Claudia Cavallar, Elise Feiersinger

Mehrfachnutzung von Schulen – Drei Jahrzehnte mediale Darstellung

Die Liste der Beweggründe für die Mehrfachnutzung von öffentlichen Bauten und in unserem spezifischen Fall von Schulen ist lang: Diese Gründe sind – wie Herman Hertzberger in seinem Essay erwähnt – sowohl pragmatischer als auch idealistischer Natur. Sie reichen vom ressourcen- und budgetschonenden Ausgangspunkt über die Anreicherung des kulturellen Angebots in Nachbarschaften oder Stadtvierteln bis hin zur Gemeindebildung im Sinne eines John Dewey.

Wir wollten herausfinden, ob und wie sich über einen exemplarischen Zeitraum von 30 Jahren, das Interesse und die Zugänge zur Mehrfachnutzung im Schulbau medial manifestieren. Dazu haben wir die Sondernummern zum Schulbau von acht europäischen und einer japanischen Architekturzeitschrift zwischen 1960 und 1990 analysiert und unsere Erkenntnisse hier zusammengefasst.

Wir hatten uns eine deutlich reichere Ausbeute erwartet: insbesondere erschienen uns die 1960er und 70er Jahre mit ihrem Infragestellen der Moderne und dem Beginn der Ökobewegung vielversprechend. Was wir gefunden haben, ist, dass dem Thema im besten Fall ein Randinteresse geschenkt wird – etwa im Vergleich zu typologischen Fragen, rein formalistischen Betrachtungen, ja sogar zur Frage nach pädagogischen „Moden" –, es in den allermeisten Fällen aber nicht beachtet wird. Wo dies doch der Fall ist, werden beinahe unrealistisch hohe Erwartung an die Wirksamkeit der Schule als Community Center gestellt – ein eklatantes Beispiel dafür ist die Turiner Schule von Zuccotti und Lenti oder der Monumentalbau von Guido Canella u. a. in Pieve Emanuele.

Wie ging es weiter? Unsere Stichproben in der Zeit nach 1990 haben nicht eben den Eindruck erweckt, als hätte das Thema Mehrfachnutzung im Schulbau an Bedeutung gewonnen – gerade in den 90ern und frühen 2000ern scheinen vielmehr Systemkonformität, Mangel an kritischen Ansätzen und Fokus auf formale Werte noch stärker in den Vordergrund gerückt worden zu sein – aber vielleicht würde eine vertiefte Auseinandersetzung eine differenziertere Beurteilung hervorbringen beziehungsweise könnte man annehmen, dass sich im Angesicht von Klimakrise, Pandemie und genereller Sorge um das Weiterbestehen der Menschheit andere Ansätze herausschälen.

Casabella

Casabella hatte im untersuchten Zeitraum mehrere Wechsel in der Chefredaktion zu verzeichnen – von Ernesto N. Rogers (1953–1965) über Gian Antonio Bernasconi (1965–1970) zu Alessandro Mendini (1970–1976) und Tomás Maldonado (1977–1982), die

   Claudia Cavallar, Elise Feiersinger

jeweils ein Sonderheft zum Thema Schule herausgebracht haben. Das Thema Mehrfachnutzung oder städtischer Kontext ist aber in keiner der vier Sondernummern besonders präsent, wenn auch implizit angesprochen, wobei die dramatisch unterschiedlichen Zugänge interessant sind.

Unter Rogers (*Casabella* 245, November 1960) fokussiert man auf europäische und amerikanische Beispiele zwischen 1921 und 1960, mit dem Ziel, einen Überblick über mögliche Lösungsansätze (und vermeintliche Irrwege) zu geben. Die Schultypologien werden hier nicht nur als architektonische Leistungen, sondern auch als Ausdruck der jeweiligen Gesellschaft gelesen. Dudoks Schule für Hilversum (1921) wird dabei als städtebauliches Symbol einer Gemeinschaft verstanden und bewusst einer seltsam klassizistischen Schule in Mailand (La Rinnovata, Via Castellino da Castello 10, A. Belloni, 1928) gegenübergestellt, die, aus pädagogischen Überlegungen abgeleitet, als beinahe klösterlich von der Stadt abgewandt, wenn nicht abgetrennt, zu lesen ist. Hervorzuheben ist auch Scharouns Projekt für eine Schule in Darmstadt (Wettbewerbsprojekt 1951), bei der die Klassenräume (die „geheimen Bezirke") im Gegensatz zum jederzeit und für jedermann zugänglichen „offenen Bezirk" stehen. Dieser offene Bereich umfasst Gemeinschaftsräume (Auditorium, Bibliothek und Versammlungsräume) sowie den Erschließungsweg und ein Belvedere mit Blick auf Schloss, Stadtkirche und Mathildenhöhe. Scharouns spirituell-humanistischem Ansatz wird die – ebenfalls für die Gemeinschaft zugängliche – Heathcote School (26 Palmer Ave, Scarsdale, NY, Perkins & Will, 1951–1954) als Beispiel für den „pragmatisch-demokratischen" Ansatz im amerikanischen Schulbau gegenübergestellt.

Die zweite Sondernummer zum Schulbau (*Casabella* 331, Dezember 1968) hat eines der schönsten Cover aller untersuchten Sondernummern. Während an den meisten italienischen Universitäten der Lehr- und Forschungsbetrieb durch die Studentenproteste und die grundsätzliche Infragestellung architektonischer Produktion stillstand, widmete *Casabella* den größten Teil der Ausgabe den Ergebnissen universitärer Forschung zum Schulbau, mit der Begründung: „… egal was die jetzige Universitätsagitation bewirken wird – keine Veränderung, Reform oder Revolution –, die Probleme [des Schulbaus] bleiben unverändert dringend."

Mendinis Sondernummer vom Jänner 1976 (*Casabella* 409) usurpiert das Cover des Struwwelpeter und nennt sich programmatisch „Quale scuola?" (Was für eine Schule?). Zum einen kommen Intellektuelle zu Wort, die über Sinn der Schule und Erinnerungen an die Schulzeit sinnieren. Anderseits gibt es Berichte über die

Schulbauprogramme in Bologna und Mailand, bei denen es im Gegensatz zum 16 Jahre zuvor betonten Schwerpunkt nicht um architektonische Werte geht, sondern um Kosten, Vorfertigung, Politik – zum Teil mit Beispielen von bedrückender Banalität. Mit der nüchtern „Architettura per la scuola" betitelten Sondernummer von Mai – Juni 1979 (*Casabella* 447/448) schließt sich der Kreis – die Verunsicherung, das In-Frage-Stellen ist verflogen und im historischen Überblick finden sich viele Beispiele aus der Sondernummer von 1960 wieder, ergänzt um Beispiele von Carlo Aymonino (Pesaro, PU, Via Solferino, 1970 –1985), Aldo Rossi (Fagnano Olona, VA, Via Pasubio 10, 1972 –1976) und Mario Botta (Morbio Inferiore, TI, Via Stefano Franscini 30, 1972 –1977). Drei Themen werden als wesentlich für den Schulbau in Italien herausgearbeitet: Bauen im Kontext, funktionale Typologien und räumliche Organisation, wobei die Mehrfachnutzung bei zwei Projekten eine bestimmende Rolle spielt.

Auf dem Grundstück des Schulzentrums von Gian Pio Zuccotti und Maria Carla Lenti in Turin (Corso Vercelli 137, 1971 – 1978), ein beinahe topografisch organisierter, um eine Serie von Höfen angelegter Komplex, befindet sich auch ein öffentlicher Park mit einer *cascina* aus dem 18. Jahrhundert, die zum Auditorium umfunktioniert wurde.

Der monumentale Gemeindepalast mit der Schule von Pieve Emanuele im Speckgürtel von Mailand (Via Viquarterio, Guido Canella, Michele Achilli, Daniele Brigidini, 1971–1990) wurde 1971 für eine Gemeinde mit 3500 Einwohnern errichtet. Heute immer noch am Rande des Orts stehend und umgeben von anderen Megastrukturen (Wohnbauten, aber auch diversen öffentlichen Einrichtungen), besteht der Gemeindepalast aus einem fünfseitigen, festungsartigen Volumen, in dem die Verwaltungsbüros untergebracht sind, weiters aus einem Riegel, in dem sich die Klassenräume befinden, und einem niedrigeren dreieckigen Baukörper, in dem sich die Mensa und weitere Schulräume befinden. Mehrfach genutzt werden große Teile der in den Gebäuden liegenden Sport- und Weiterbildungsinfrastruktur wie Aula/Gemeindesaal sowie der über eine Fußgängerrampe erreichbare, erhöhte Turnsaal und die Bibliothek.

L'architecture d'ajourd'hui (AA)

Ähnlich wie bei *Casabella* macht *L'architecture d'ajourd'hui* (*AA*) im untersuchten Zeitraum einige Wechsel im Schwerpunkt der Betrachtung von Schulbauten durch. Die Anzahl der dem Schulbau gewidmeten Sonderhefte ist deutlich höher, insgesamt neun. Auch sonst spielt der Schulbau in den Heften eine relativ prominente Rolle. In allen untersuchten Heften bleibt allerdings die Vorliebe für knappe, um nicht zu sagen knappste Vorstellung von möglichst vielen Projekten.

Claudia Cavallar, Elise Feiersinger

Die frühesten Themenhefte „Enseignement" (94, Februar – März 1961), „Constructions scolaires et universitaires" (107, April – Mai 1963) und „Écoles, universités" (123, Dezember 1965 – Jänner 1966) sind nach demselben Schema gegliedert. Eine Auswahl von Schulen zeitgenössischer Produktion, vorwiegend aus Europa und den USA, wird anhand von kurzen Texten, Plänen und Fotos besprochen, der Fokus liegt auf Raumorganisation und Bautechnik – die Nutzung oder gar die Mehrfachnutzung wird kaum angesprochen. Architektonisch interessante Beispiele mit starker städtebaulicher Bindung sind unter anderem in Nr. 94 Leonard Manasseh und Ian Bakers Rutherford School (London, Penfold Street, 1958–1960 – die Schule, die auf Fotos der Lisson Gallery von Tony Fretton sichtbar ist) und in Nr. 107 Georges Candilis, Alexis Josic und Shadrach Woods' École primaire française (Genf, Chemin des Roches, 1961–1962).

Die nächsten drei Sondernummern wenden sich von der reinen Materialschau ab hin zur kritischen Beschäftigung mit grundsätzlichen Fragen des Unterrichts und der Rolle der Architekten in einem sich ändernden Feld. Mit dem Themenheft „L'architecture et l'enfance" (154, Februar 1971) wird das Thema Schulbau im Kontext von Architektur und Kindheit betrachtet. Man bemerkt einen Ruck in Richtung Experiment, das Suchen nach neuen, besseren Ansätzen. Die Pimlico School (geplant vom Greater London Council's architecture department, London, Lupus Street, 1964–1970, abgerissen) mit ihrem strengen formalen Erscheinungsbild wirkt inmitten des Aufbruchs beinahe altmodisch. Das Interesse an Mehrfachnutzung schlägt sich eher in einem Interesse an flexiblen, mobilen Raumelementen nieder. Bonus: eine phantastische Doppelseite mit Schulgrundrissen.

Schließlich stellt auch *AA* die Frage „Ajourd'hui l'école?" (166, März – April 1973), samt Kapitel „Quelle école?" Zwar wird auch weiterhin exemplarisch der zeitgenössische Schulbau vorgestellt, aber gleichzeitig wird anderen Ansätzen Raum gegeben: Die Frage nach Mitsprache von Eltern, Kindern und Spezialisten bei der Definition der Aufgaben und Ziele einer kindgerechten Schule wird anlässlich des Zubaus zur École Decroly in Saint Mandé verhandelt. Im Artikel „Écoles sans murs" wird die Free Schools-Bewegung in England vorgestellt, die Bestandsflächen für Schulexperimente umnutzt, welche insbesondere wirtschaftlich und gesellschaftlich benachteiligte Kinder unterstützen sollen. Außerdem stellt der Artikel „Schools without Walls" vor, ein Projekt, in dem Busse als fahrende Klassenzimmer verwendet werden. Angesichts dieser beinahe Architektur-freien Ansätze fragt sich *AA* auch sofort sorgenvoll „Que peuvent les architectes? (Antwort: Architekten werden positive Beiträge leisten können, obwohl ihre neuen Aufgaben nicht immer denen ähnln werden, die sie früher ausgeführt haben.) In einem weiteren Artikel werden ebenfalls nicht-architektonische Strategien untersucht, um in den Ghettos amerikanischer Großstädte (Baltimore, Philadelphia, New York…) durch Selbstorganisation und Umnutzung von leeren Bestandsflächen *community centers* zu etablieren, deren Keimzellen sehr oft Schulen sind. Hier ist die Mehrfachnutzung von vornherein gefordert, etwa für Erwachsenenbildung, politische Versammlungen, Zugang zu Bibliotheken oder ärztlicher Versorgung.

Sechs Jahre später ist das Interesse an Mitsprache und Aktivismus schon etwas abgeflaut. In der Sondernummer „L'enfant et son espace" (204, September 1979) wird noch einmal die Frage nach Kindern und ihrem Verhältnis zum Raum thematisiert – die Artikel beklagen den Verlust von kindgerechtem städtischen Raums –, es herrscht Nostalgie.

„Die Konzeption der
Schule als ,Schul-
zentrum' neben einem
,Einkaufszentrum'
und einem ,Freizeit-
zentrum' (merken
Sie die Paradoxie
dieser Bezeichnungen?)
müsste verlassen
werden zugunsten
einer wirklichen
Durchdringung der
Nutzungen und der
Räume."

Walter Förderer

Claudia Cavallar, Elise Feiersinger

Die letzten beiden Sondernummern finden wieder das Vertrauen in die Rolle des Architekten und die Adäquatheit architektonischer Antworten: Ende der Unsicherheit. Die Nummern heißen dann auch wieder lakonisch „Enseignement" (216, September 1981) sowie „Écoles" (232, April 1984). Gezeigt werden erneut Beispiele zeitgenössischer Schulbauten, besprochen wird 1981 meist die Bautechnik, während 1984 die Frage nach dem städtischen Kontext, der Wirksamkeit der Schule im städtischen Raum gestellt wird, insbesondere was die französischen Schulen in den Villes nouvelles und Quartiers neufs betrifft. Die städtische Wirkung und de facto auch die Mehrfachnutzung sind jedenfalls Themen bei der 1981 publizierten Schule Köhlergasse (Hans Hollein 1981–1990).

Das Werk – Architektur und Kunst
Im Zeitraum der Studie ist der Bund Schweizer Architekten Herausgeber der Zeitschrift Das Werk, in der Folge Werk –Archithese[1] beziehungsweise Werk, Bauen +Wohnen. Im Schnitt veröffentlichte Das Werk ein Sonderheft pro Jahr zum Thema Schulbau. Der überwiegende Anteil der Beispiele sind darin kürzlich fertiggestellte Schulbauten in der Schweiz, wobei auf die Qualität des Neubaus an Gesamtschulen und auf Optimierung der Klassenzimmer fokussiert wird und bis zum Blick ins Ausland reicht.

Aus insgesamt 17 Sonderheften im Zeitraum von 1960 bis 1976 gibt es aber nur eines – „Die Schule als offenes Haus" (März 1960)[2] –, das sich dezidiert dem Thema Mehrfachnutzung widmet. Auslöser sind die voranschreitende Herabsetzung der Arbeitszeit und die parallelen Überlegungen zu einer sinnvollen Freizeitgestaltung. Mit drei Beiträgen schafft man sich die programmatische Basis. Vorangestellt ist ein kurzes Editorial von Benedikt Huber, Chefredakteur der Architekturabteilung[3], der sich u. a. Impulse für eine Wechselwirkung und Erneuerung von Architektur und Städtebau erwartet. Zwei der Autoren bekleiden öffentliche Ämter in Zürich (Stadtbaumeister Adolf Wasserfallen und Schulvorstand Jakob Baur), der dritte Autor, Gustav Mugglin, leitet die Stiftung Pro Juventute. Alle drei wägen das Für und Wider ab, man spürt ihr gemeinsames Anliegen, sogar die Bereitschaft es zusammen anzugehen. Baur geht auf konkrete Details ein, die in der Planung und der damit einhergehenden Personalaufstockung zu beachten sind. Baur und Mugglin betonen, dass Schulen sich vor allem deswegen für Mehrfachnutzung gut eignen, da sie meistens im Zentrum der Gemeinde verortet sind. Wasserfallen führt ins Treffen, dass der kürzlich geführte Kampf um die Öffnung der Spielplätze nach Schulschluss erfolgreich war. Mehrfachnutzung trage Einsparungspotenzial in sich, aber viel wichtiger sei der Wille zu aufgeschlossener Zusammenarbeit. Im Anschluss daran werden kürzlich fertiggestellte Schulen in der Schweiz, in Dänemark und El Salvador sowie ein Zürcher Spielplatz präsentiert. In der Wahl dieser

Projekte ist der Bezug zur Mehrfachnutzung schwach – und unterstreicht damit, wenn man so will, den vorausschauenden Charakter der drei Essays.

In den folgenden Jahren wird aber das Thema wieder in Einzelbeiträgen – vor allem in Berichten über neue Bauten – aufgegriffen: Im September 1965 etwa, erscheint ein bemerkenswertes Interview mit dem Bildhauer und Architekten Walter Förderer „Die Konzeption der Schule als ‚Schulzentrum' neben einem ‚Einkaufszentrum' und einem ‚Freizeitzentrum' (merken Sie die Paradoxie dieser Bezeichnungen?) müßte verlassen werden zugunsten einer wirklichen Durchdringung der Nutzungen und der Räume."[4] Aber im Allgemeinen, wenn Mehrfachnutzung in den Berichten zu Einzelbauten behauptet wird, geschieht es lediglich als Nebenaspekt.

Bauen und Wohnen und *Werk, Bauen + Wohnen*

Im Jahre 1980 schließen sich die Zeitschrift *Bauen und Wohnen,* bis dahin in München angesiedelt, und *Das Werk* zusammen. Zuvor – für uns ist hier der Zeitraum von 1960 bis 1979 von Interesse – erscheinen bei *Bauen und Wohnen* knapp 20 Sonderhefte zum Thema Schulbau. Mehrfachnutzung spielt zwar in einer Handvoll der Hefte eine wichtige Rolle, aber es gibt kein Heft mit deklariertem Fokus darauf. Im Februar 1975 wird das Thema Mehrfachnutzung auf breiterer Basis behandelt, wobei aber keines der Beispiele eine Schule miteinschließt.

Bei *Werk, Bauen + Wohnen* gibt es im Betrachtungszeitraum 1981 bis 1990 nur ein einziges Schulbau-Sonderheft. Um das April-Heft 1981 einzuleiten, breitet Chefredakteur Jean-Claude Steinegger die weitgestreuten Themen des Heftes aus: Leerstand, neue Ideen abseits der Optimierung des Klassenzimmers, die Rolle des Architekturwettbewerbs im Schulbau und partizipative Planungsprozesse.

Baumeister und *db*

Die beiden deutschen Architekturzeitschriften *Deutsche Bauzeitung* (*db*) und *Baumeister* richten starke Aufmerksamkeit auf das Thema Schulbau. Ihre Hefte sind im Betrachtungszeitraum ähnlich strukturiert: Typischerweise werden zwei bis drei Schwerpunkte pro Heft gesetzt. Im Schnitt veröffentlichen sie jeweils ein Sonderheft „Schule" im Jahr. Beide Zeitschriften unternehmen den Versuch, die ganze Bandbreite des damaligen deutschen Diskurses – mit Beiträgen von Experten und Expertinnen aus der Pädagogik, Philosophie, Ingenieurwesen, Raumplanung – darzustellen. Unter den Formaten sind theoretische Auseinandersetzungen sowie Berichte über neue Studien und Tendenzen im ausländischen Schulbau. Auch die Auswahl der Realisierungen spannt einen großen Bogen bezüglich der Vorgaben der Auftraggeber sowie der Haltung der Entwerfer. Nicht selten legen die Autoren und Autorinnen eine Bereitschaft an den Tag, auf Fehler

Claudia Cavallar, Elise Feiersinger

einzugehen, um daraus zu lernen. In dieser Periode gab es jedoch kein Heft zum Thema Mehrfachnutzung. Dennoch ist eine eventuelle Mehrfachnutzung implizit in den Antworten auf Fragen wie Lage im Ort, Anpassbarkeit und Erweiterbarkeit zu finden. Doch einschlägige Beispiele bleiben fast gänzlich aus. Bei der *db* gibt es ein einziges: Im Juni 1985 erscheint eine Realisierung von den Schulbauexperten Brigitte und Christoph Parade[5], in der sowohl eine kontextuelle Antwort auf eine feingliedrige Kleinstadtstruktur als auch eine Mehrfachnutzung angestrebt wird. Ab der Mitte der 1980er Jahre wird dem Thema Schulbau in beiden Heften immer weniger Aufmerksamkeit zuteil.

Architectural Review

Im London der 1960er Jahre agieren in der *Architectural Review*-Redaktion zwei Ausnahmeerscheinungen: Gordon Cullen (1914–1994), Autor von *Townscape* (London 1961),[6] und Hubert de Cronin Hastings[7] (1902–1986) beweisen eine klare Haltung zu Themen mit gesellschaftlicher Relevanz. Unter Hastings' Erneuerungen ist die „Manplan"-Serie,[8] wobei Streitschrift vielleicht der geeignetere Begriff dafür wäre. Für das Jänner-Heft des Jahres 1970 lädt die *Architectural Review* die Bildungsexpertin und Autorin Virginia Makins[9] ein, im Rahmen von Manplan als Gastredakteurin ein Heft zum Thema Community Schools – Schulen als Treffpunkt für die ganze Gemeinde[10] – zu gestalten. Obwohl die Probleme zum Teil seit Längerem bekannt und benannt seien, ließen die Lösungen auf sich warten. Die brennenden Themen der landläufigen Bildungsdebatte, zum Beispiel die *White Papers* und, in der Folge, *Black Papers* (Pro und Contra zum *progressive education movement* der späten 1960er und 70er Jahre) seien präsent. Schulbauten stellten eine riesige Investition von öffentlichen Geldern dar; die Bauten sollten der Gemeinde zur Verfügung stehen. Auf rund 80 Seiten geht die *Architectural Review* der Frage nach, wie man ans Ziel gelangen könnte. Die einleitenden Beiträge – die sich über 48 Seiten strecken – bieten Hintergrundinformation (politischer und budgetärer Natur) sowie private und öffentliche Studien. Parallel zu den textlichen Beiträgen werden Beispiele von richtungsweisenden Schulen aus dem Ausland sowie Beispiele mit ansatzweiser Mehrfachnutzung präsentiert. Auch sind Entwürfe aus dem UK eingeflochten, die auf Forderungen der Regierungsprogramme und -berichte eingehen. Der letzte Abschnitt beschäftigt sich direkt und ausschließlich mit Community Schools. Auf 17 Seiten werden – neben einschlägigen Realisierungen aus dem In- und Ausland – konkrete Vorschläge betreffend Budget, Ortsbestimmung, städtebauliche Ansätze sowie Anpassbarkeit von Bauten ins Treffen geführt. Man schließt das Heft mit einer breitgefassten Zielvorstellung ab: Im Idealfall wären Schule und Gemeinde ununterscheidbar. Das Heft strahlt eine selten anzutreffende Dringlichkeit aus, auch weil *AR* sich von den herkömmlichen Rubriken – vor allem, von den klar voneinander abgegrenzten Berichten über kürzlich fertiggestellte Einzelbauten – befreit hat.

Das nächste *Architectural Review*-Sonderheft zum Thema Schulbau erscheint 21 Jahre später, im September 1991. Peter Davey ist seit 1982 Chefredakteur, sein Editorial lautet kurz gefasst: Da die Euphorie der 1960er Jahre für Systembauten und der 70er Jahre für *Open Plan*-Schulen verflüchtigt sei, müsse an deren Stelle ein neuer Zugang gefunden werden. Das Heft präsentiere reife Beispiele solcher Schulen, sowohl in städtischer als auch in vorstädtischer Lage. Allerdings kann dieses Heft keineswegs an die geballte Ladung an Themen und Beispielen des früheren Hefts anschließen.

Japan Architect

Zum Schluss erlauben wir uns einen kleinen Exkurs und richten den Blick nach Japan. Die Zeitschrift *Japan Architect – International Edition of Shinkenchiku* erscheint monatlich seit 1956. Sie wurde etabliert, um Japan nach außen darzustellen; japanische Architekten und Architektinnen, die im In- und Ausland bauen, sowie ausländische Büros, die in Japan bauen, werden vorgestellt. Im Zeitraum 1960 bis 1990 gibt es im Schnitt zwei Sonderhefte pro Jahr.[11] Während in den Heften ohne übergeordnetes Thema Kindergärten, Universitäten und andere Einrichtungen für Kinder regelmäßig veröffentlicht werden, kommen Schulen nur selten vor, und die wenigen, die präsentiert werden, sind oft Sonderfälle wie z. B. internationale Schulen.[12]

Das einzige Sonderheft zum Thema Schulbau erscheint im Juni 1971 und dokumentiert Einrichtungen, die im Rahmen eines thailändischen Schulbauprogramms entstanden sind. Das vorgeschaltete Bewerbungsverfahren – eine Förderungsbedingung der internationalen Entwicklungsorganisation – hat das Büro von Junzo Sakakura[13] für sich entscheiden können. Die daraus resultierenden 25 Schulen sind über das ganze Land verteilt. Obwohl nicht ausdrücklich für Mehrfachnutzung geplant, sind aufgrund des Vorfertigungssystems – dessen Tektonik an ein Regal erinnert – andere Nutzungen plausibel. Da weder das Klima noch die Arbeitsbedingungen mit denen in Europa vergleichbar sind, können daraus keine unmittelbaren Lehren für den Schulbau hierzulande erwartet werden. Aber das Projekt gewährt indirekt einen Einblick in die Geschichte des japanischen bzw. südostasiatischen Schulsystems. Von den Anfängen im späten 19. Jahrhundert bis in die 1960er Jahre nehmen in Japan die Vorfertigung – zunächst in Holz, später in Hinblick auf Erdbebensicherheit in Stahlbeton – und Standardisierung der Bauten eine entscheidende Rolle ein.[14] Sakakura Associates ging es darum, diese Kenntnisse der Bautechnik umzudeuten und in einer von Handwerk geprägten Baukultur anzuwenden – und dabei nimmt die herkömmliche Interpretation Japans als Land der Aneignung und Adaptierung eine neue Wendung.

Claudia Cavallar, Elise Feiersinger

1 Der Zusammenschluss dieser beiden Zeitschriften war von kurzer Dauer und bleibt daher unberücksichtigt.

2 https://www.e-periodica.ch (16.11.2020).

3 *Das Werk* hat zu dieser Zeit sowohl eine Architektur- als auch eine Bildende Kunst-Abteilung.

4 Förderer weiter: „Die Freiräume der Schule, die nur während weniger Minuten voll benützt werden, sollten so angelegt sein, daß sie der Allgemeinheit dienen. Oft müssen die Kinder vor dem verschlossenen Schulgatter auf der Straße spielen. Auch die Schulräume müssten vermehrt dem Freizeitbetrieb geöffnet werden, vor allem die Handwerksklassen." *Das Werk* 9/1965, 311–312: 312.

5 Ihre Schulentwürfe kommen in mehreren Zeitschriften – inklusive die hier präsentierte Jänner-Ausgabe 1970 der *Architectural Review* – vor. Auch wenn die Anwendung von Mehrfachnutzung noch weit unter den Erwartungen bleibt, setzt sich Christoph Parade bis zum heutigen Tag dafür ein. Im Jahr 2012 veröffentlichte er den Artikel „Wandlung im Schulbau", in: *Impulse. Kunstdidaktik*, Oberhausen 36–44. Darin befindet sich Mehrfachnutzung auf seiner Liste der 15 wichtigsten Aspekte, die bei der Planung von Schulen zu beachten sind.

6 Auch unter dem Titel *The Concise Townscape* erschienen; das Buch ist ein Plädoyer für Qualitäten, die nur im Zusammenspiel der Kräfte – ob in Menschen oder Bauten – entstehen können.

7 Hubert de Cronin Hastings war Architekt und „editorial director" sowie „co-chairman" der *Architectural Review* von 1927 bis 1973. Er verwendete auch das Pseudonym Ivor de Wolfe.

8 Für die Entstehungsgeschichte von Manplan siehe: https://www.architectural-review.com/archive/manplan-archive/manplan-the-bravest-moment-in-architectural-publishing (16.11.2020).

9 Virginia Makins, geboren 1939; von den späten 1960er bis in die 1980er Jahre war sie Chefredakteurin von *Times Educational Supplement*.

10 Während in den USA die Bedeutung von *community school* gleich geblieben ist, versteht man nun in England und Wales darunter: „a type of state-funded school in which the local education authority employs the school's staff, is responsible for the school's admissions and owns the school's estate." https://en.wikipedia.org/wiki/Community_school (16.11.2020).

11 In dieser Zahl sind Hefte, die die Ergebnisse des Shinkenchiku-Wettbewerbs dokumentieren, nicht berücksichtigt.

12 Bautypen, die häufiger vorkommen: Firmensitze, Hotels, Museen, Rathäuser, Theater- und Konzertbauten, Privathäuser, Wohnbau, Kindergärten, *Mountain Lodges*, Kulturzentren.

13 In den 1930er Jahren arbeitete Junzo Sakakura (1901–1969) bei Le Corbusier in Paris. 1940 eröffnete er das eigene Atelier in Tokio; hier entstanden mehrere gefeierte Bauten der japanischen Moderne, darunter das Museum für moderne Kunst in Kamakura (1951) und das Institut franco-japonais (1952) in Tokio. Die Beteiligung von Junzo Sakakura, der während der Bearbeitung des Projekts starb, am Entwurf der Schulen in Thailand wird im Heft nicht ausdrücklich erwähnt, aber im Buch *Drei japanische Architekten – Mayekawa, Tange und Sakakura* (Niggli 1966) scheint das Großprojekt in seiner Werkliste auf.

14 Siehe dazu Kaname Yanagisawa: „Historical Background of the Japanese School", in: Rotraut Walden (Hg.): *Schools for the Future*, Wiesbaden 2015, 41–50.

Eine Auswahl von Sonderheften

Claudia Cavallar, Elise Feiersinger

Mehrfachnutzung von Schulen – Drei Jahrzehnte mediale Darstellung 47

Glenfield Frith primary school, designed in 1966, was one of the first schools in this country planned for team teaching. So, with the exception of two at the extreme eastern end, all the classrooms are grouped in fours to make this possible. Each foursome is designed on a semi-open plan basis. The education department's brief was for two schools, and the County Architect of Leicestershire decided to design them as one interlocking building so that infants and juniors can freely mix. The infants' school has 240 children and the junior 320. The two high roofed assembly halls, the kitchens and the library enclose a landscaped area with a pool. The school was commended in the Civic Trust awards for 1968.

'Large areas of glass were the natural corollary of educational development—it was part of the same process that was systematically breaking down all the barriers, letting the sunshine in and the green of the grass and the smell of summer. Assisted by modern architects, the movement was away from the school-room and towards the individual; was away from "four walls", high windows and "facts"; it was away from the fear of God (Church Schools) and the teacher (Board Schools); it was towards cheerful, open surroundings where a child could be happy'
Stephen Gardiner, Schools 1870–1970
Duckworth, 1970

Glenfield Firth Primary School (designed by Leicestershire's County Architect) is a halfway house in educational terms. Semi-open plan with classrooms grouped in fours to allow team teaching, it was one of the first schools designed with this in mind.
20

Architectural Review, Jänner 1970.

Claudia Cavallar, Elise Feiersinger

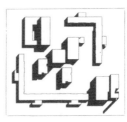

The David Lister comprehensive school at Hull, by Lyons Israel and Ellis, of the Old Vic annexe fame, is one of a growing number—still far too few—of custom-built comprehensive schools. But the trouble about comps is, and this was the case when Lyons, Israel and Ellis started theirs, that there is still insufficient known about their 'customs' for them to be purpose built without a period of trial and error. The David Lister school, though, endowed with an outstanding headmaster, and a Civic Trust award winner in 1963, was shortsighted in its basic planning. All the classrooms are grouped into free standing blocks. At the end of a lesson, all change. And if it's raining, then bad luck the boys and girls of David Lister because you're going to get wet. Designed for 1500 students, the scheme focuses on a central group of two three-storey teaching blocks and an administration and library block. Arranged around these are single-storey house blocks with associated cycle sheds, a gymnasium block, craft and workshop blocks and a service road running round the perimeter. The end result of this enclosure is a deliberately introverted plan designed to screen the backs of the dilapidated houses which surround the site.
In the five years since the first block was opened at David Lister, Lyons, Israel and Ellis's stark geometrical architecture, regulated by squares and golden sections, has worn well and remains spotless both inside and out. This may well be the result of the combination of strict discipline and maintenance, but quite likely the unconscious reaction of the children to good architecture has been to treat it with unusual care.

The trouble with politically steam-rollered change to the comprehensive system is the backlog of separate and outdated buildings which must inevitably defy operation of the real meaning of comprehensive education—open plan education in which move-

34

Liste der Sonderhefte

Japan Architect

Juni 1971, Facilities for Training Schools Operated by
the Thailand Department of Vocational Education

Architectural Review

Januar 1970, Manplan: Education

September 1991, Schooling

Deutsche Bauzeitung

Oktober 1962, Schulen

Juli 1963, Volks- und Oberschulen

Mai 1964, Volks- und Gewerbeschulen

April 1965, Schultypen

September 1966, Schulbautypen

Februar 1967, Schulen

Februar 1968, Schulen

April 1969, Schulen

Juni 1970, Schulen

März 1971, Schulen

April 1973, Schulen

April 1975, Schulen

Mai 1976, Schulen

Februar 1978, Schulen statt Lernfabriken

Februar 1979, Schulgebäude

Juli 1981, Schulgebäude

März 1982, Schulgebäude

August 1983, Schulgebäude

Juni 1985, Schulgebäude

November 1986, Schulgebäude

Baumeister

März 1960, Schulhausbau

November 1960, Schulhausbau

November 1961, Schulbauten

Februar 1962, Schulbauten – Erziehung

Juni 1963, Schulen und Bildungsstätten

März 1964, Schulen

April 1965, Schulen

Mai 1966, Schulen

Januar 1967, Schulen

September 1967, Schulen

November 1968, Schulen

Juni 1969, Schulen

Mai 1970, Schulen

Februar 1971, Schulen

März 1972, Schulen

Februar 1973, Schulen

August 1973, Erziehungsbauten

Februar 1974, Schulen

August 1974, Schulen, Institute

März 1975, Schulen

März 1976, Schulbauten

Februar 1977, Allgemeine Schulen – Schulen für
Behinderte – Texte zum Schulbau

September 1978, Schulen

Januar 1980, Schulen

März 1981, Schulen

Mai 1982, Schulen

Mai 1983, Schulen: Neubauten, Umbauten, Ausbauten

Februar 1986, Schulen in der Stadt

März 1988, Schulen: Schwellen und Innenbereiche

Juni 1989, Schulen

Claudia Cavallar, Elise Feiersinger

Die Aufweitung des Raums

Die Schule am Kinkplatz von Helmut Richter bleibt eine singuläre Erscheinung in der österreichischen Architektur und nimmt eine Sonderstellung im Wiener Schulbauprogramm 2000 ein. Die in Wien für den Schulbau ungewohnte Bauweise unter dem Einsatz von Stahl und Glas hat bereits während der Errichtung heftige Kontroversen ausgelöst, aber auch von der Fachwelt hohe Anerkennung erlangt. 25 Jahre später steht das Bauwerk leer. Die Stadt Wien hat seit 2017 die schulische Nutzung aufgelassen. Die Kraft, die sich durch den Entwurf bis ins kleinste Detail durchzieht, sowie der eindrucksvolle Raum und die Präzision in Materialisierung und Konstruktion überdauern als gebaute „Tatsachen"[1] ihre ursprüngliche Zweckbestimmung.

Stadtbaustein Schule

Wenn man Texte über die Entwicklung der Stadt aus jener Zeit liest, dann vernimmt man eine außergewöhnliche Aufbruchsstimmung. Wien befand sich in den späten 80er und zu Beginn der 90er Jahre in einer veränderten geopolitischen Lage. Aus einer Stadt, die am Rande des Eisernen Vorhangs lag, begann Wien zu seiner zentraleuropäischen Identität zurückzufinden. Nach einer Phase der Schrumpfung wuchs die Stadt wieder und reflektierte ihre Position und ihre Möglichkeiten innerhalb einer neuen Weltordnung.

In seiner Einführung für die Publikation mit dem Titel *Wien: Identität und Stadtgestalt* aus dem Jahr 1990 zitiert der damalige Stadtrat Hannes Swoboda Robert Musils bekannte Textstelle: „Wenn es einen Wirklichkeitssinn gibt, muss es auch einen Möglichkeitssinn geben. [...] Wer ihn besitzt, sagt beispielsweise nicht: Hier ist dies oder das geschehen, wird geschehen, muß geschehen; sondern er erfindet: Hier könnte, sollte oder müßte geschehen. [...] So ließe sich der Möglichkeitssinn geradezu als die Fähigkeit definieren, alles, was ebensogut sein könnte, zu denken und das, was ist, nicht wichtiger zu nehmen als das, was nicht ist",[2] und fängt damit die Stimmung der damaligen Zeit ein. Just diese Sätze werden immer wieder im Zusammenhang mit der Architektur Helmut Richters und der Schule am Kinkplatz in Verbindung gebracht.

Der Bau der Schule wurde durch das Wiener Schulbauprogramm 2000 ermöglicht und projizierte ins neue Millennium eines der ambitioniertesten kommunalen Bauvorhaben des 20. Jahrhunderts, das mit einer Gesamtsumme von sieben Milliarden Schilling budgetiert war. Der Schulbau wurde als „Leitmotiv einer qualifizierten Gestaltung"[3] aufgefasst, der die Standards für viele andere Bauaufgaben definieren sollte. Der Stadtbaustein Schule galt für die damalige Stadtentwicklung als besonders dazu geeignet, einen neuen Lebensraum in den Stadtvierteln und -erweiterungsgebieten aufzubauen. Als Identitätsstifter fürs Quartier und Sozialisationsraum für Kinder, Jugendliche und Erwachsene, die einen Großteil des Tages in diesen gestalteten Räumen verbringen, sollte deren Architektur in ihrer materiellen Qualität die Entwicklung der Nutzer prägen. Für die ersten Realisierungen wurden jene Architekten eingeladen, die auf der Biennale 1991 in Venedig *13 österreichische Positionen* vertraten und unter denen sich Helmut Richter befand.

Richters Zugang zur Aufgabe bestand darin, vieles, was im Schulbau Konvention zu nennen ist, bewusst zu vermeiden. Unter dem Einsatz von Transparenz und Leichtigkeit wollte er einer gemauerten Tradition entgegenwirken.

„Das Wesentliche in unseren Handlungen ist das freie Handeln. Wir bedauern jene, die an Gesetze glauben; nicht nur unsere Ämter sind voll von jenen, die dem Formalismus huldigen. Der blinde Glaube an das Gesetz läßt es unter anderem zu, daß soziale Systeme trotz ihrer Ungerechtigkeit länger erhalten bleiben; es geht nicht nur um die Architektur an sich, sondern um sie als Zeichen einer bestimmten Haltung",[4] schrieb Richter bereits 1984 in einem Artikel im *UM BAU 8*, der als Textbeitrag zum Bad S. Sares erschien und Richters wohl am meisten zitierte Textpassagen enthält. Bereits acht Jahre vor dem Beginn der Planungen für die Schule lässt sich dieses Zitat auch als Haltung lesen, die Richter über seine Architektur zu vermitteln suchte und die unabhängig von der Schulnutzung und von pädagogischen Überlegungen ein Leitmotiv seiner Arbeit war.

Einbettung in die Topografie

Der peri-urbane Bauplatz in Penzing mit seiner aufgelockerten Bauweise weist keine klaren Grenzen auf. Richter hält wenig vom Städtebau im Hinblick auf seine formale Gliederung. Vielmehr interessieren ihn die Beziehungen zwischen verschiedenen Bereichen, die entstehen können. Seine intensive Auseinandersetzung findet mit der Topografie des Grundstücks, auf dem er baut, statt.

Die Vorentwürfe zeigen, wie Richter diese Höhenkurven vermisst und mit einem Konstruktionsraster absteckt. Mit wenigen Pfählen hebt er die Klassentrakte in die Höhe und setzt sie vom Boden ab, so dass sie mit einer gewissen Leichtigkeit auf dem schräg abfallenden Terrain fußen. Dadurch reagiert er auf die Hangwasserproblematik und gewinnt zugleich auf dem beengten Grundstück zusätzliche Außenräume. Die Baustellenfotos des Rohbaus zeigen das Streben nach der schlanken Konstruktion der Primärstruktur, die den Archetyp des Raumgerüsts widerspiegelt.

Ist die Strategie bei den Klassentrakten auf den Hang aufzulagern, um zusätzlich allen Klassenzimmern maximale Lichtverhältnisse zu ermöglichen, so ist der Umgang mit der großen Halle ein anderer. Um das große Volumen der Turnhalle zu bewältigen, wird es zur Hälfte im abfallenden Grundstück eingegraben. Mit dem gläsernen Pultdach reagiert Richter auf die Schräge der Hanglage und überzeichnet das Terrain mit einer künstlichen Geste. Der Erdbau der Turnhalle steht in Relation zum Erdaufsatz der Klassen. Die zentrale Erschließungsachse bildet ein Verbindungsglied zwischen beiden Nutzungen und überbrückt nicht nur konstruktiv die zwei Eingriffe ins Gelände.

Während der Schulbau eine verkleinerte Welt für den Aufenthalt und die Sozialisation der Schüler darstellt, bekommt das Haus eine städtebauliche Dimension, die sich räumlich entfaltet und die Walter Chramosta ähnlich einer vertikalen Stadt beschreibt: „Richter verschreibt sich einem entgrenzenden Raumkontinuum. Die Aula ist zugleich Stiegenhaus, der Gang ist Teil der Turnhalle und der Klassen, der Pausenhof bildet eine Wirkungseinheit mit allen anliegenden Innenzonen der Erschließung, die Terrassen und sogar der Stadtraum sind in das Schulleben intensiv einbezogen."[5]

Dieses konstruierte Weltbild setzte nicht auf eine kindergerechte Welt, sondern baute auf idealisierte menschliche Proportionen. Richter behilft sich der Permanenz der Proportion und vermisst Bewegungsmuster, die er in eine räumliche Architekturarithmetik übersetzt.

Auf der Suche nach der idealen Raumproportion stützte sich Richter auf Le Corbusiers Modulor-Maßsystem, das ausgehend vom menschlichen Körper und dem goldenen Schnitt ein universelles Proportionsschema formulierte. Die raumfassenden Wände im Gang haben eine Höhe von 2,26 m und entsprechen der blauen Reihe des Modulors – einem Menschen mit erhobener Hand –, wobei die Geschosshöhe der Klassenzimmer mit 3,66 m sich mit der nächsten Zahl in der Fibonacci-Folge deckt. Über ein Oberlichtband dringt das Licht entlang der Decke ins Innere des Gangs. Der konisch verlaufende Korridor verbreitert sich von 2,26 m – also gleich wie seine Höhe – auf 4,79 m, wobei das Maß am Ende des Gangs wieder mit dem Modulor-Maß der roten Reihe übereinstimmt. Die erweiterte, mathematisch wohlproportionierte Erschließungszone und die damit gewonnene Fläche ist zugleich Aufenthaltsraum, der die Enge der Gangschule – die Richter als muffig bezeichnete – aufbricht.

Raumbildung

Die Vorentwürfe und Vorzeichnungen sowie die unterschiedlichen Planungsstadien, die im Nachlass von Helmut Richter im Sammlungsdepot des Architekturzentrum Wien in Möllersdorf in Planrollen archiviert sind, geben einen Einblick in Entwurfsentscheidungen, die zu den architektonischen Ausformulierungen führten. Die Entwurfsgenese kann teilweise anhand der Entwurfsskizzen in ihren Entwicklungsstadien rückwärts aufgerollt werden. Die Schritte lassen sich, dank dem rationellen Strich, mit dem sie gezeichnet und gedacht wurden, mit großer Genauigkeit beschreiben.

Richter, der das Gebaute vor das Wort (Sprache) setzte, präsentierte sein Projekt kurz und bündig in der Baubeschreibung, die er dem Vorentwurf beilegte:

Basma Abu-Naim, Felix Siegrist

Die leichte, filigrane
Konstruktion, die
das Dach hält,
erinnert an ephemere
Konstruktionen. Der
Erdbau mit dem darüber
schwingenden
Sonnensegel bildet ein
Zelt für die Gemeinschaft
der Schule und des
Quartiers.

„Auf dem verhältnismäßigen knappen Bauplatz zwischen Tinterstraße, Waidhausenstraße und der projektierten Müller-Guttenbrunn Straße soll eine 20-klassige Doppelhauptschule mit 3-fach Turnhalle 27,00 m × 45,00 m errichtet werden. Das Konzept sieht eine kammartige Bebauung an einer zentralen Erschließungsachse entlang der Pausenhalle und den Turnhallen vor. Drei zweihüftige ost-west orientierte Klassentrakte sind von ihr aus zugänglich. Wesentlichen Bestandteil der Planung bilden die beiden schrägen verglasten Dachkonstruktionen, die den gesamten Hallenbereich überspannen. Erschließungsgänge in allen vier Geschoßen, der Luftraum über den Turnhallen sowie die Pausenhallen stehen optisch und räumlich in Verbindung."[6]

Das hier beschriebene Konzept einer kammartigen Bebauung, das entlang einer zentralen Erschließungsachse Pausen- und Turnhalle sowie die Klassentrakte anordnete, stand relativ früh fest und wurde als erstes nach einem kartesianischen System rechtwinklig innerhalb der Grundstücksgrenzen aufgezeichnet. Raumhaltige Schrankwände bilden gerade Mittelgänge aus, alle Trakte weisen noch die gleiche Länge auf. Am Ende des Gangs zur Grundstücksgrenze gibt es einen zweiten brückenartigen Steg, der einen Rundlauf ermöglicht und die Fluchtstiegen enthält.

In einem nächsten Schritt wandern diese Fluchtstiegen ans Ende der Gangzone. Richter dreht die einläufige Treppe in die Mitte des Gangs hinein und spreizt so den Mittelgang in eine konisch verlaufende Erschließungszone. Diese Operation wirkt sich wiederum auf den Außenraum aus. Die Höfe dazwischen verjüngen sich, die Trakte behalten weiterhin ihre Länge. Durch die Unterbringung des Raumprogramms in der Kammstruktur beginnen die Finger ihre Länge zu verändern. Die lineare Verbindung der Trakte an der Grundstücksgrenze wird verworfen.

In einem weiteren Stadium wandern die Stiegenhäuser aus dem Mittelgang an eine der Seiten des zweihüftigen Klassentrakts und spielen sich als zweiläufige Treppe am Ende des Gangs frei. Dieses Schema bildet die Grundlage für den Entwurf und zeigt die Interdependenzen zwischen Funktion und Raum, die dem Entwurf zugrunde liegen.

Wurde im Vorentwurf noch versucht, die Turnhalle im gleichen Achsraster wie die Schultrakte zu integrieren, drehte man im Entwurf die Turnhalle aus dem orthogonalen System der Klassen. Diese Rotation spannte wiederum einen Raum auf, der die Verknüpfung der Schultrakte mit der Erschließungsachse artikulierte. Kurze Brücken verbinden die Schulgänge mit der Haupterschließung, überwinden den über mehrere Geschosse aufklaffenden Raum und steigern die räumliche Dramaturgie der Querbezüge.

Basma Abu-Naim, Felix Siegrist

Die Überlagerung beider Achsraster ist an der Außentreppe und dem Zugang in die Turnhalle lesbar, die rechtwinklig dazu steht und verdreht im Hof ankommt. Der Knick in der Fassade zwischen Eingangsaula und Turnhalle zeugt vermutlich von der Drehung der Achsen im Entwurfsprozess. Die perspektivisch fluchtenden Räume – sowohl Gänge wie Höfe – erfahren eine Steigerung und Tiefenwirkung. Die Fluchtlinien treffen in der Raumbegrenzung auf verglaste Flächen, die diese durchdringen und zugleich widerspiegeln. Dadurch werden die Räume mit einer Mehrdeutigkeit aufgeladen, die das Raumempfinden reizt. Die perspektivische Wahrnehmung erlebt noch eine weitere Intensivierung durch die Dachform, die als flaches Pultdach die Flucht zum Zentrum steigert. Auf eine funktionale Argumentation gestützt, wird ein Mehrwert generiert, der in einem räumlichen Gewinn mündet.

Dieser Sachverhalt spielt sich auf allen Maßstabsebenen ab und lässt sich zum Beispiel auch gut anhand der Türen zu den Klassenzimmern illustrieren, welche die Raumübergänge und Sequenzen artikulieren. Die Türgrafik in den Plänen bietet Einblick in einen Gedankengang des Entwerfers: Das Symbol für die Aufgehrichtung des Flügels schlägt 180 Grad auf. Die Türe öffnet damit das ganze Spektrum des Raumes. Bei den Schulklassen markiert Richter den gangseitigen Vorraum ins Klassenzimmer, in dem die Wand einknickt und einen fließenden Nischenraum ausbildet. Das Türblatt zeichnet dabei den Radius, öffnet sich um ca. 120 Grad und demarkiert diesen Raum des Eintretens. Betritt man den Klassenraum, so befindet sich seitlich in der gegenläufigen Nische das Waschbecken. So einfach diese Operation wirkt, illustriert sie sehr gut die räumlich funktionale Synergie, die Richter aus der Auseinandersetzung mit einer Türe vollzieht. Als bewegliches Bauelement zum Verschließen einer Öffnung stellt sich die einfache Zargentüre als Raumbildner dar.

Adaptation und Modulation

Referenzwelt und Architekturanschauung von Helmut Richter lassen sich in einem internationalen Kontext verorten. Deutlichen Einfluss übten Konstrukteure wie die französischen Architekten Pierre Chareau und Jean Prouvé sowie Zeitgenossen wie die Erbauer und Planer des Centre Pompidou in Paris, die Architekten Renzo Piano und Richard Rogers sowie der Ingenieur Peter Rice. In seiner Pariser Zeit teilte er die Wohnung mit Mitarbeitern, die an diesem Projekt direkt beteiligt waren, das seine Sichtweise nachhaltig prägte.

Unter den Papieren und Notizen zu den möglichen Überdachungen der Turnhalle befinden sich zwei Kopien des Kabukichō-Projekts in Tokio von Richard Rogers aus einer Sonderedition der japanischen Zeitschrift *a+u*.[7] Rogers Entwürfe auf den engen und

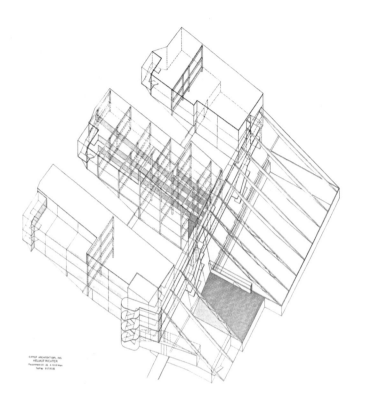

Abb. 1 Axonometrie
Abb. 2 Schuleingang

Basma Abu-Naim, Felix Siegrist

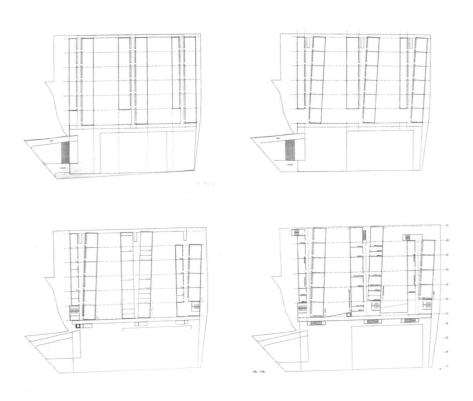

Abb. 3–6 **Entwurfsskizzen**

unregelmäßigen Grundstücken Tokios weisen eine gewisse Referenzialität zum japanischen Metabolismus auf. Zeitgleich mit den Japanprojekten entstanden im Büro Rogers zwei weitere Wettbewerbsentwürfe für Florenz (Novoli Project) und Lyon (GRC Headquarters), die sich beide durch große Atrien auszeichneten, welche mit schräg überdachten Glasdächern lebendige öffentliche Räume überspannten. Keines davon kam zur Ausführung. Die Idee des schräg verglasten Atriums fand aber beim Kabuki-Chō-Tower Anwendung. Der ursprünglich als Kapselhotel projektierte Bau wurde schließlich als Bürogebäude ausgeführt.

Die Faszination für das schräg überdachte gläserne Atrium, das mit der Ambivalenz spielt, weder Dach noch Fassade zu sein, erkennt man auch in den Entwürfen von Rogers. Der Wunsch nach einem konstruierten Himmelszelt wird spürbar. Die großflächige, schräggestellte Ebene ist Witterungsschutz, fasst und dehnt einen öffentlichen Raum, generiert eine innere und gibt zugleich die äußere Atmosphäre wieder.

Zum Entwurfsprozess für die Hallenüberdachung der Schule am Kinkplatz finden sich im Archiv unterschiedlichste Varianten, die in Betracht gezogen wurden. So gab es Überlegungen zur Verwendung von ETFE-Folienkissen, zu mittels Zugseilen verspannten Textilmembranen, zu räumlichen Fachwerken mit harter Eindeckung sowie einfachen Verglasungen mit außenliegender Textilbespannung, die im Verbund der Überhitzung des Daches Einhalt gewähren sollten.

Dabei lohnt es – in einem kurzen Gedankenspiel –, sich den Turnsaal mit den oben beschriebenen Dachbespannungen vorzustellen, um sich an Richters Abwägungen zum Raum des Möglichen heranzutasten. Die leichte, filigrane Konstruktion, die das Dach hält, erinnert an ephemere Konstruktionen. Der Erdbau mit dem darüber schwingenden Sonnensegel bildet ein Zelt für die Gemeinschaft der Schule und des Quartiers. Gerüst und Haut werden in zeitgenössische Materialien übersetzt, die dem gebotenen Maßstab Rechnung tragen. Richter entscheidet sich dabei nicht für das Textile, sondern wählt das Kristalline. Das mehrschichtige Glas verspricht gegenüber dem kurzlebigen Stofflichen eine dauerhafte Erscheinung.

Eine weitere Verbindung zur High-tech-Architektur stellt die außenliegende Erschließung mit ihren freigestellten Liftgruppen und Fluchttreppen dar. Diese dienenden Räume werden bei Rogers' Lloyd's Bürohaus in London in einer rechtwinkligen Anordnung auf den Restflächen des Grundstücks positioniert. Richter dreht hingegen seine ovalen Stiegenhäuser in den Bewegungsfluss der Hinauf- und Hinuntersteigenden. Diese Entkoppelung der transparenten Bewegungsfigur ermöglichte es, die Stiegenhäuser ohne Brandlast in Stahl auszuführen. Als integraler Bestandteil des Gebäudeorganismus funktionieren sie nicht nur im Brandfall, sondern bilden einen wettergeschützten Zwischenraum, der Garten und Dachterrasse verbindet und erschließt. Wie bei den Gängen wird auch hier die Modulation des konstruktiven Grundkonzepts zu einem räumlichen Spannungsfeld gesteigert.

Bei Rogers wird die Primärstruktur sehr oft mit einer schützenden Signalfarbe gestrichen. Damit betont er bewusst das tragende Skelett und spielt die Konstruktion in den Vordergrund. Dieser Vorgang vernachlässigt teilweise den Raum und ist eindimensional. Richter wiederum sucht mit seinem Einsatz von Farbe immer eine räumliche Polydimensionalität. Licht und Farbe werden dabei zu wichtigen Raumbildnern. Er folgt

Basma Abu-Naim, Felix Siegrist

dabei der Farbpalette von Le Corbusier, die durch ihre Strahlkraft, Brillanz und Tiefenwirkung in ihren Nuancen zur Temperierung der Räume beiträgt. Die Struktur tritt in
der Regel zurück und wird neutral behandelt. Die Farbe hebt meistens eine der raumbildenden Elemente Boden, Wand oder Decke hervor und wird als Leitsystem innerhalb
der Raumkomposition gezielt eingesetzt. So ist die Stahlkonstruktion in der Schule hell-
grau gestrichen und tritt in den Hintergrund. Der abgesenkte Raum der Turnhalle ist in
ein helles Blaugrau getaucht. Das verwendete Cerulean-Blau ist ein Blauton zwischen
Azurblau und einem dunkleren Himmelblau.

Die Wandflächen der Gänge sowie die ganze Wand zwischen Erschließungsbrücke
und Klassentrakten sind ockergelb gestrichen. Auch die Spinde und die Einbaumöbel in
den Klassen haben diese Farbe. Corbusier nannte sein Gelb „jaune vif", was er in der
Farbkarte als „Farbe der Sonne" beschreibt. Das französische Adjektiv „vif" hat mehrere
Bedeutungen, unter anderem wach, lebhaft und leuchtend, und beschreibt die Stimmung,
welche im Raum verbreitet werden soll.

Die Lichtfarbe leitet die Bewegung entlang der horizontalen Erschließung und inten-
siviert sich, je näher man der Lichtquelle kommt. Der Schacht und die Überfahrt des
Liftturms in der Ecke des Hofes sind leuchtend rot und betonen die vertikale Erschließung.
Das freistehende skulpturale Volumen bildet den zentralen neuralgischen Orientierungs-
punkt innerhalb der Raumstruktur, der durch die transparenten Schichten sichtbar und
leicht auffindbar ist.

Baustoffe

Christian Knechtl schrieb über die Materialeigenschaften, die bei
der Schule zur Anwendung kamen, Folgendes:
„Die Helmut Richter Schule ist ein Bauwerk gewordenes Plädoyer
für die anthropozentrische Angemessenheit der Mittel. (Licht),
Glas, Metall und Beton. Diesen Materialien gemeinsam ist ja, daß
sie bei ihrer Herstellung ursprünglich fließende, amorphe Stoffe
sind, die erst durch die strukturgebende Hand des Menschen zu
ihrer endgültigen Form finden."[8]
Richters Verständnis für die Prinzipien, die in der Natur
der Materialien wurzeln, ermöglichte ihm, sich die Materialäs-
tik dienstbar zu machen und im Streben nach Reduktion und
Vereinfachung die Stoffe nach ihren Eigenschafften zu formen.
Seine Auseinandersetzung mit den neusten technologischen
Errungenschaften war ihm Antrieb, über genau diese Eigenschaf-
ten nachzudenken und sie zu hinterfragen. Der wahre Charakter
jedes der eingesetzten Materialien spiegelt sich in der Verwendung
und der Art und Weise der Detaillierung und Behandlung des
Materials wider.
Über die punktgestützte Verglasung, die die Lagerung einer
Glasscheibe auf vier Ecken minimalisiert und die gestalterisch
innovative Entmaterialisierung der Gebäudehülle bewirkte, wurde
viel geschrieben.[9] Richters Leistung lag darin, diese Technologie

Die ökologischen
Grundprinzipien, die
durch Raum und
Material ausgebildet
werden, sind dem
Gebäude inhärent
und bilden ein
solides Fundament,
um die Schule
weiterzuentwickeln
und weiterzudenken.

großflächig bei einem öffentlichen Gebäude innerhalb der Strukturen der österreichischen Bauwirtschaft umzusetzen. Auf die konstruktive Ebene und den Materialeinsatz bezogen, vollzog Richter eher eine „Materialisierung" anstatt der öfter beschriebenen „Entmaterialisierung". Der gläserne Kristall wird durch das Raster der Dichtungsfugen facettiert.

Die stofflichen Qualitäten des Glases lassen sich auch auf seinen „textilen" Ursprung zurückführen und werden im Haus vielfältig erprobt und dekliniert. So ist die Raumbildung durch textile Bespannungen in Richters Werk ein wiederkehrendes Thema. Die rundgebogenen Gläser der Stiegenhäuser können als „erstarrtes Textil" gelesen werden. Das erhitze Glas wird bei der Herstellung in Form gebracht, die konkav-konvexen Scheiben bilden die Membran der abgerundeten Glashülle, mit der sich die kantige Glasecke auflöst und freispielt. Die Stofflichkeit der Oberfläche findet mit transluzenten, farbigen und satinierten Gläsern eine Varianz in der Anwendung.

In den Polierplänen der Klassentrakte – wohl einer Einsparung zum Opfer gefallen – ist noch eine textile Akustikdecke aus an die Rohdecke montierten Winkeln und daran aufgespannten Stoffsegeln eingezeichnet. Mit der Einkleidung des Liftturms mit roten LKW-Planen findet die textile Wand ihren Ausdruck. Nicht zuletzt wurde die Dreifachturnhalle durch zwei außergewöhnlich große Vorhänge unterteilbar, die als Membranbespannung von einem Fachwerkträger abgehängt sind.

Leistungsform

„Wäre er [Richter] ein Tier, so würde er als Fregattvogel in den Lüften kreisen, denn er verfügt über das extreme Verhältnis zwischen Körpergewicht und Flügelspannweite von allen Vögeln und bedarf nur ganz weniger Fische, um seine grazile Konstruktion zu nähren …",[10] verglich Ute Woltron, um Richters Umgang mit der Ökonomie des Tragwerks zu beschreiben. Die Metapher ist angebracht und lässt sich in der Reduktion des Materialaufwands messen, seien es die sich nach oben verjüngenden Stützen in den Klassentrakten, die zarten Profile oder die dünnen Parapete, die mit ihrer Wandstärke von 21 cm die mögliche Kompaktheit einer Außenwand zeigen, wodurch im Inneren wertvolle Quadratmeter gewonnen werden.

Der Prozess des Aufspürens der schlanken Leistungsform und der bedingungslose Wille zu Perfektion in der Ausführung der Projekte beschreibt Lothar Heinrich in folgender Anekdote:

„Die in der Werkstätte fertigen Träger der Turnhalle der Schule Waidhausenstraße ließ er auf seine eigenen Kosten und nach intensiver Befragung meiner Person in der Breite um 20 Millimeter abschneiden. Eine fertig eingebaute, von mir seiner Meinung nach viel zu dick dimensionierte Stahlstütze ließ er ebenso gegen eine etwas schlankere ersetzen. Seine Worte klingen mir heute noch im Ohr: Weg, weg, weg, zu dick, zu dick."[11]

Die Schule war von Anfang an als Stahlbau konzipiert. Um den knappen Bauzeit-plan einzuhalten, konnte mit Leichtbau und industrieller Vorfertigung gut bei der Baubehörde argumentiert werden. Richters minutiöse Planung setzte auf Gewerke mit hohem Planungsaufwand und geringen Maßtoleranzen. Da er selbst das kleinste Detail aufzeichnete, durchdachte und vereinfachte, konnte er mit den ausführenden Firmen seine Vorstellungen umsetzen. Peter Cook bezeichnet im Vorwort zu Richters einziger Monografie dessen Architektur als „Hand-tailored Tech", im Unterschied zum „abgenutzten High-tech".[12]

„Scheinbar serielle Industrieprodukte, die aber nicht aus der Fabrik, sondern aus der Schlosserei stammen", beschreibt Christian Kühn pointiert Richters Pionierleistung in seinem Nachruf mit dem Titel „Nichts ist egal",[13] wo er Richters Haltung vom Planungsprozess bis zur Ausführung nachzeichnet. Die Anfertigung der Gläser erfolgte ohne Naturmaß[14], der Glasbauer stützte sich auf die millimetergenauen Planung des Stahlbauers und es zeugt von der Präzision der Detailplanung und der ausführenden Firmen, dass die keine Toleranzen zulassende Montage gelang.

Die Minimierung des Materials und ein sparsamer Umgang mit den Rohstoffen zeichneten Richters Haltung aus und weisen auf ein ökologisches Denken hin. Der ökonomische Materialverbrauch, Trennbarkeit und Wiederverwendung der eingesetzten Baustoffe stellt sich als nachhaltige Strategie in der Kreislaufwirtschaft dar.

Gegenwartssinn

„Die Tatsache, daß es diesen Raum gibt, besagt auch, daß es Wien gut geht. Wer sich eine solche räumliche Großzügigkeit – nicht nur finanziell – leisten kann, der ist wohlhabend, der spendet damit langfristig öffentliches Wohl, auch wenn er vorerst nicht verstanden wird",[15] schrieb Walter Chramosta über die Hallenräume der Schule. Räume solcher Dimension sind für gewöhnlich repräsentativen Aufgaben und Produktions- und Infrastrukturbauten vorbehalten. Richters Leistung lag darin, diese räumliche Idee innerhalb eines engen Kosten- und Zeitbudgets und der Rahmenbedingungen des Schulbaus zu realisieren. Im Umkehrschluss bot ihm die Aufgabenstellung mit der großräumlichen Struktur sowie den unterschiedlichen Volumina im Raumprogramm eine gute Ausgangslage um seine architektonische Haltung zu illustrieren.

In einem Artikel für das Fachjournal *Wettbewerbe*, in dem die Architekten eichinger oder knechtl Helmut Richter interviewten, erzählt er: „Ich halte Gebautes erst für gut, wenn das Gebäude auch für andere Funktionen gebraucht werden kann. Also nicht nur von einer Funktion abhängig ist. Ich bin immer dann zufrieden, wenn ich das Gefühl habe, ich kann diesen Funktionsvorgaben, wenn es mir passt, auch entwischen."[16] Diese Aussage ist in erster Linie nicht als Plädoyer für ein nutzungsoffenes Gebäude zu verstehen, sondern für die Kraft, die seine Architektur entwickeln kann.

Nicht weit von der Schule entfernt befindet sich das Seelsorgezentrum Oberbaumgarten, 1960–1966 vom Architekten Johann Georg Gsteu geplant und 1989–1992 vom gleichen Verfasser generalsaniert. Die Kirche ist eine der „entschiedensten architektonischen Leistungen des österreichischen Kirchenbaues aus dem Geist des Konzils von 1962".[17] Gsteu reagierte mit seinem Bau auf einen gesellschaftlichen Wandel, den er in eine rationelle Architektur, in ein mathematisch-räumliches Konstrukt übersetzte. Stahlbeton-Gevierte aus rechtwinklig gekreuzten Kragarmen bilden dabei den stützenfreien Sakralraum. Das öffentliche Gebäude fungiert als zentraler Versammlungsort der Gemeinde und wird durch sie getragen. Trotz anfänglichem Widerstand steht der brutalistische Bau heute unter Denkmalschutz und hat sich mit seinen ausdifferenzierten Außenräumen und dem beindruckenden Kirchenraum als Zentrum des Quartiers etabliert.

Die Richterschule verdient ein ähnliches Schicksal. Als weltliches Zentrum besitzt das Gebäude volles Potenzial, mit der Umgebung in Austausch zu treten. Entfernte man etwa die Zäune, dann würde das Haus mit seinen differenzierten Durchwegungsmöglichkeiten viel stärker mit dem städtischen Raum interagieren. Gäbe man das Haus der Öffentlichkeit zurück und ermöglichte den Zugang, wäre die Architektur damit wieder greifbar.

Das Schulgebäude besteht weiterhin als Stadtbaustein. Die Wertschätzung, die der architektonischen Qualität entgegengebracht wird, hängt stark mit einer positiven Erfahrung zusammen. Bewahrt das Haus einen öffentlichen Charakter, der als Infrastrukturbau mit der Umgebung in Beziehung tritt, wird auch seine Akzeptanz gesteigert.

Hätte man das Gebäude instand gehalten, wäre heute keine Instandsetzung erforderlich. Betrachtet man den Lebenszyklus des Objekts, so hat sich nach 25 Jahren ein Großteil der Investitionen amortisiert. Kennzeichnend für das industrielle Bauen stoßen robuste, langlebige Materialien mit elastischen, wartungsintensiven Fugenfüllungen zusammen und führen die unterschiedliche Lebensdauer vor. Der Rohbau ist intakt und kann weitere Jahrzehnte ohne Energieaufwand stehenbleiben.[18] Die Stadt besitzt somit eine einmalige Raumressource, die nach einer angemessenen Nutzung und deren Bewirtschaftung sucht.

Wenn Richter dieselbe Möglichkeit wie Gsteu gehabt hätte, sein Gebäude selbst zu revitalisieren, würde er vermutlich an erster Stelle einen anderen Nutzer suchen. Würde er sein Gebäude einer Revision unterziehen, stünde immer an erster Stelle sein Fortschritts- und Zukunftsdenken, das sich dadurch auszeichnete, dass er nie über den „Stand der Technik", sondern immer über den „Stand der Wissenschaft" sprach.[19] So würde er sich bei einer Sanierung seines Bauwerks sicher nicht mit Lösungen zufriedengeben, die vor 25 Jahren Stand der Technik waren, sondern nach solchen suchen, die den Möglichkeiten der Gegenwart entsprechen.

Hannes Swoboda nannte den Schulbau in der Einleitung zur Schriftenreihe zum Schulbauprogramm 2000 als „traditionelles Laboratorium der architektonischen Zukunftsforschung"[20]. Dieser Grundsatz wurde von Richter aufgegriffen und sollte bei der Auseinandersetzung mit seinem Bau nicht außer Acht gelassen werden.

Die ökologischen Grundprinzipien, die durch Raum und Material ausgebildet werden, sind dem Gebäude inhärent und bilden ein solides Fundament, um die Schule weiterzuentwickeln und weiterzudenken. Sowohl die Großform als auch die einzelnen Details erfordern ein genaueres Hinsehen und einen sorgfältigen Umgang. Die vertiefte Analyse der Schule am Kinkplatz zeigt, wie Richter den Raum auf mehreren Ebenen aufweitet und in Spannung versetzt. Der Leerstand kann als Chance verstanden werden, das Außergewöhnliche zu bewahren und die Veränderungen zuzulassen, die durch die räumliche Disposition erst ihr Potenzial entfalten. So betrachtet sollte einer Revitalisierung im Geiste Richters – die dem Möglichkeitssinn der Jetztzeit entspricht – nichts im Wege stehen.

Basma Abu-Naim, Felix Siegrist

1 „Architektur ist das, was es ist, es ist eine Tatsache. Tatsachen können wir nicht verstehen. Die Architektur kann man nicht verstehen, sie lässt sich zeigen." Damit beschreibt Richter die Summe an Überlegungen in einem nonlinearen Entwurfsprozess, der in einer konstruierten Form mündet und nur durch diese bestätigt wird. Helmut Richter, in: *UM BAU 8*. Hg. v. Österreichische Gesellschaft für Architektur, Wien 1984, 77.

2 Hannes Swoboda, in: *Wien: Identität und Stadtgestalt*. Hg. v. Kulturstudien. Wien [u. a.] 1990, 29.

3 Hannes Swoboda, in: *Ganztagshauptschule, Wien 14: Kinkplatz 21. Projekte und Konzepte*, hg. v. Stadtplanung Wien, 1995, 3.

4 Richter, 78 (wie Anm. 1).

5 Walter M. Chramosta, in: *Ganztagshauptschule*, 30 (wie Anm. 3).

6 Architekturzentrum Wien, Sammlung, Nachlass Helmut Richter, N17–067, Vorentwurf.

7 Richard Rogers und Toshio Nakamura in: *Richard Rogers: 1978–1988. a + u*, Tokyo 1988, 270–285.

8 Christian Knechtl, in: Fax Textendfassung Fachjournal *Wettbewerbe*, Nachlass Helmut Richter, N17–067, Publikationen, Dezember 1994.

9 Chramosta, 14 (wie Anm. 5).

10 Ute Woltron, in: *Ein Buch für Helmut*. Hg. v. TU Wien, Fak. für Architektur und Raumplanung, Wien 2007, 12.

11 Wolfgang Vasko und Lothar Heinrich, in: ebd., 54.

12 Walter M. Chramosta: *Helmut Richter. Bauten und Projekte | Buildings and Projects*, Vorwort von Peter Cook, Einleitung von Liesbeth Waechter-Böhm, Basel–Boston–Berlin 2000, 6.

13 Christian Kühn: „Helmut Richter: Nichts ist egal", in: *Die Presse* 04.07.2014.

14 Gespräch mit Architekt Andreas Gerner, 18.08.2020.

15 Chramosta, 25 (wie Anm. 5).

16 Knechtl (wie Anm. 8).

17 Friedrich Achleitner, in: *Österreichische Architektur im 20. Jahrhundert: Ein Führer in drei Bänden, Wien Bd. 2, 13.–18. Bezirk*, Salzburg–Wien 1995, 81.

18 Bericht Workshop Richter-Schule Kinkplatz, TU Wien, 23.10.2019, 11.

19 Gespräch mit Architektin Silja Tillner, 10.10.2020.

20 Swoboda, 3 (wie Anm. 3).

Antje Lehn

Atlas unsichtbarer Räume

Stadtbilder kartieren an der Schnittstelle
Schule und Stadt

1. Raumbilder und Raumbildung

Stadtbilder und städtische Räume werden heute als dynamische Konstruktionen gesehen, die im alltäglichen Handeln lokaler Akteure immer aufs Neue entworfen werden. Die Vorstellungen und Wünsche dieser Akteure spielen bei Planungsentscheidungen eine wachsende Rolle. Auch die Raumvorstellungen von Jugendlichen werden in diesem Zusammenhang vermehrt wissenschaftlich untersucht, allerdings findet die Art und Weise, wie Stadtbilder konstruiert werden, im Lehrplan der Schulen bisher kaum Beachtung. Während relativistische Raumvorstellungen, nach denen Raum erst durch Handeln entsteht, bereits wissenschaftlich anerkannt sind, bleibt die schulische Praxis häufig absolutistischen Raumvorstellungen verhaftet, die Raum primär als einen geometrisch beschreibbaren Behälter definieren. Die Vorstellung eines für alle gleichartigen Raumes wird aber der Raumerfahrung, vor allem von Jugendlichen, deren Leben besonders intensiv von gesteigerter Mobilität und Mediengebrauch bestimmt ist, oft nicht gerecht.

Ich möchte in diesem Beitrag Einblicke in meine Vermittlungspraxis geben, in der kartografische und künstlerische Strategien dazu genutzt werden, gemeinsam mit Schüler/innen den wenig beachteten Raum der Schulumgebung auf neue Weise sichtbar zu machen.

Die Vorgangsweise orientiert sich dabei an der Studie *The Image of the City*[1] von Kevin Lynch. Auf der Suche nach Übereinstimmungen im Stadtbild der Bewohner/innen spricht Lynch unter anderem die Abhängigkeit des Vorstellungsbildes von individuellen Raumerfahrungen an und stellt fest, dass das Bild der Stadt nicht nur durch Planung, sondern auch durch Erziehung beeinflussbar ist.[2]

Mein Interesse liegt vor allem darin, Karten als didaktische Werkzeuge für räumliche Bildung zu erforschen. Ausgehend von der Vorstellung, dass sich Karten für die Sichtbarmachung und Aneignung räumlichen Wissens eignen, nutze ich in Vermittlungsprojekten einen Methodenmix aus kognitiven Karten, thematischen Mappings und kollektiven kartografischen Displays, um Einsicht in die Raumerfahrung von Jugendlichen zu gewinnen.

2. Schule und Stadt

Die Schulumgebung wurde als Schnittstelle zwischen Stadtentwicklungs- und Bildungspolitik unter dem Begriff Bildungslandschaft[3] im deutschsprachigen Raum bereits vielfach diskutiert, aber als Ort der Vermittlung räumlicher Bildung noch nicht ausreichend erschlossen.

Das Schulgebäude, in dem Kinder und Jugendliche fast täglich zusammenkommen, ist Ausgangspunkt für deren räumliches Handeln. Wenn man mit Martina Löw davon ausgeht, dass sich Raumvorstellungen in Sozialisierungs- und Bildungsprozessen etablieren,[4] wird deutlich, wie prägend die Schulumgebung für junge Menschen sein kann, zumal der steigende Anteil an Ganztagsschulen Schüler/innen immer mehr Zeit dort verbringen lässt. Löw berichtet, dass zwar erforscht wurde, wie euklidisch geprägte Bildungskonzepte die topologisch geprägte Raumwahrnehmung der Kinder überlagern, der kulturell tradierte und der körperlichsinnliche Zugang zu Raum aber oft vernachlässigt wurde.[5] Somit lernen Kinder und Jugendliche zwar den physischen Raum mit rationalen Konzepten zu beschreiben, ihr Erfahrungswissen wird dabei aber häufig nicht berücksichtigt – bleibt also unsichtbar. In ihrer Dissertation *Urbanes Räumen*[6], untersucht Romy Hofmann das Verhältnis von Raum und Gesellschaft und beschäftigt sich mit der Frage, wie die differenzierte Beschreibung von Räumen aus physischen, strukturellen, subjektiven und konstruktivistischen Perspektiven als schüler/innenzentriertes Unterrichtsprinzip genutzt werden kann. Ist das Festhalten an scheinbar objektiven Raumrepräsentationen[7] in der schulischen Praxis möglicherweise dadurch zu erklären, dass sich die vielfältigen Aspekte von Raum eigentlich nur fachübergreifend vermitteln lassen?

3. Bilder der Stadt

Zwischen der Publikation von *The Image of the City* im Jahr 1960[8] und heute liegen rund 60 Jahre und eine breit gefächerte Rezeptionsgeschichte. Ich will kurz auf die damalige Situation der Stadtplanung und Lynchs interdisziplinäre Fragestellungen eingehen, um darzustellen, wo mein Ansatz für eine fachübergreifende räumliche Bildung anknüpft.

Nachdem soziale Probleme, Umweltverschmutzung und Wohnraummangel als Folgen der Industrialisierung die Großstädte zu Beginn des 20. Jahrhunderts krisenhaft verändert hatten, führte die Idee der hygienischen, funktionalen und autogerechten Stadt zu massivem Stadtumbau. Seit den 1950er Jahren wurden jedoch technisch und ökonomisch optimierte Planungsprozesse, die auf den Grundsätzen der Moderne basierten, vermehrt als abstrakt und lebensfern kritisiert. Die Kritik kam zunächst von außerhalb der Planung. Die Journalistin Jane Jacobs[9], der Mediziner Alexander Mitscherlich[10] sowie der Soziologe und *Promenadologe*[11] Lucius Burckhardt[12] sollen hier beispielhaft für den amerikanischen und deutschsprachigen Raum genannt werden. Sie prangerten unter anderem die Zerstörung gewachsener Strukturen durch die vom Wirtschaftsboom beschleunigte Stadtentwicklung an. Im Mittelpunkt der Argumentation stand die Ignoranz der Planenden gegenüber den Bedürfnissen und Wünschen der lokalen Bevölkerung.

Kevin Lynch hatte Stadtplanung studiert und war von den Schriften Lewis Mumfords geprägt. Neben der Geschichte der urbanen Form interessierte ihn der

Zusammenhang zwischen Raumwahrnehmung und Orientierung und die Erschließung der Perspektive von Bewohner/innen für die Planung. *The Image of the City* dokumentiert das interdisziplinär angelegte Forschungsprojekt, „The Perception of the Urban Form", das Kevin Lynch gemeinsam mit Gyorgy Kepes, einem Künstler und Lehrenden am MIT, konzipiert hatte. In Vorbereitung des Forschungsprojekts konsultierten sie Experten aus Architektur, Kunst und Wissenschaft.[13] Drei Arbeitsfelder wurden definiert: die Beschreibung eines kleineren städtischen Gebiets, eine normative Studie bezüglich Orientierung unter dem Aspekt von Form und Qualität der Stadt, und „Kommunikation unter dem Aspekt von Bedeutung".[14] Kepes und Lynch begannen die Arbeit an der Studie mit gemeinsamen Spaziergängen durch das zu beforschende Gebiet.

4. Karten als Methoden der Vermittlung

Schon der Titel *The Image of the City* spricht das Verhältnis der Form der Stadt zu ihrem Bild an, wobei Lynch mit dem Begriff *image* die Spannung zwischen Wahrnehmungsbild und Vorstellungsbild verhandelt. Das Bild der Stadt wird dabei als Ergebnis eines *transactional process* gesehen, in dem sich über die Wahrnehmung die Beziehung einer Person zum Ort konstituiert.[15] Das Vorstellungsbild setzt sich für Lynch aus Identität, Struktur und Bedeutung zusammen.[16] Um dieses *image* zu erfassen, entwickelt er Interviewtechniken, in denen nach einprägsamen Bildern, Orientierungspunkten und Gefühlsregungen gefragt wird. Die Testpersonen werden gebeten, Wegbeschreibungen und Übersichtskarten aus der Erinnerung zu zeichnen. Das kartografische Material wird von Lynch zusammengefügt, übereinstimmende Elemente zu einer Art kognitivem Diagramm verdichtet. Der Begriff Kognition verweist dabei auf die mentale Gleichzeitigkeit von sensueller Wahrnehmung, Erinnerung und Orientierung im urbanen Raum.

Für den Kulturtheoretiker Fredric Jameson manifestiert sich die Krise der Moderne in der Entfremdung der Menschen, die nicht mehr in der Lage sind „die städtische Totalität, der sie ausgeliefert sind, bewusstseinsmäßig zu verarbeiten und zu lokalisieren".[17] Jameson sieht in den von Lynch verwendeten kognitiven Karten ein emanzipatorisches Potenzial, wodurch die Welt (wieder) erklärbar und damit handhabbar gemacht werden kann.

Hier schließt meine Hypothese an: Wenn räumliches Handeln in Karten sichtbar gemacht und diskutiert wird, kann ein bewusster Umgang mit dem Raum das Vertrauen in die eigene räumliche Wahrnehmung stärken. Die Herstellung von Karten dieses Handlungsraumes trainiert die Fähigkeit, Raum als Konstrukt zu verstehen, und ermöglicht den Autor/innen der Karten, im Sinne von Jameson einen räumlichen Überblick und somit Raumkompetenz zu gewinnen. Auch wenn Schüler/innen einer Klasse ein durch die Institution zufällig zusammengewürfeltes

Wenn räumliches
Handeln in Karten
sichtbar gemacht und
diskutiert wird, kann
ein bewusster Umgang
mit dem Raum das
Vertrauen in die
eigene räumliche
Wahrnehmung stärken.

vergängliches Kollektiv bilden, so kommen ihre Handlungen und Erlebnisse aus dem Territorium und das gemeinsam generierte Wissen gehört der Gruppe.[18] Die Erkundung des Raumes, in der Orte des alltäglichen Handelns im Fokus stehen, bildet die Grundlage für eine „performative Praxis des Karten-Machens"[19] und ermöglicht so konstruktive räumliche Erfahrung.

Im Folgenden möchte ich die Mapping-Methoden näher beschreiben, die ich in meinem Projekt für eine forschend-didaktische Auseinandersetzung mit Raum und Wahrnehmung im Schulumfeld einsetze. Das zu untersuchende Gebiet wird dafür im Radius von 300 Metern um die Schule abgegrenzt, ein zweiter Radius von 500 Metern stellt die erweiterte Schulumgebung dar.

Schulwegkarten:

Die Schüler/innen bekommen die Aufgabe, ihre Schulwege als Handlungsanweisung für eine ortsfremde Person zu zeichnen. Diese Erinnerungskarten der Schulwege werden nebeneinander aufgehängt und die dargestellten Wege nacherzählt. Entlang der Alltagserfahrung des Schulwegs entstehen so Beschreibungen desselben Territoriums aus unterschiedlichen Perspektiven. Der Wechsel zwischen dem Blick auf Augenhöhe, dem „Sehen beim Gehen" und einer kartografischen Überblicksdarstellung des Gebiets bringt sichtbaren, objektiven Raum und gesehenen, erlebten Raum[20] in einen Austausch. Das Vertrauen in die eigene Wahrnehmung wird ermutigt, um eine Ebene zu etablieren, auf der unterschiedliche räumliche Erfahrungen untereinander ausgetauscht werden können. Mit der Aufwertung individueller Vorstellungsbilder kann die Macht normativer Karten hinterfragt werden.

Spurensuche:

Die Spurensuche bezeichnet Spaziergänge im Schulumfeld, die driftend-assoziativ oder thematisch-explorativ ablaufen können. Der Auftrag besteht darin, Spuren im Sinne von Hinweisen zu Fragestellungen wie Mehrsprachigkeit, Lieblingsorte, Geschichte etc. zu sammeln und schließlich in thematischen Karten zu dokumentieren. Eine Spurensuche im Feld produziert nach Gerhard Hard[21] nicht nur Wissen über das untersuchte Gebiet, sondern auch immer Wissen über diejenigen, die Spuren lesen. Indem die Schüler/innen die vermeintlich bekannte Umgebung der Schule wie ein fremdes Gebiet entdecken, werden sie unweigerlich auf ihre eigene Wahrnehmung zurückgeworfen. Alltägliche Orte wie Haltestellen, Parkplätze oder Geschäfte werden zu Inseln der Orientierung.

Antje Lehn

Weltkarten:
Im nächsten Schritt fügen die Jugendlichen ihre Themenkarten dann zu „Weltkarten" der Schulumgebung zusammen. Aus vormodernen Karten wird die Taktik entlehnt, Unbekanntes und Unsagbares mit Monstern zu kaschieren und Mehrdeutiges mit Auslassungen zu überspielen. Verschiedene Darstellungstechniken werden kombiniert: Plan mit Perspektive, Freihandzeichnung mit Collage, thematische Recherchen mit erlebten und erfundenen Geschichten. Die gemeinsam erstellten Kartenbilder ermöglichen eine ästhetische Transformation des vertrauten Raumes, die eine Differenzerfahrung zu bestehenden Vorstellungsbildern ermöglicht.

Metakarten:
Für die Auswertung der Ergebnisse werden die Karten der Schulwege vektorisiert und in GIS-basierte „Wegekarten" der Schulumgebung übertragen. Die maßstäblich vereinheitlichte Darstellung mit dem Schulgebäude als Zentrum stellt Vergleichbarkeit her und ermöglicht eine quantitative Auswertung. Aus der zeichnerischen Transformation und Überlagerung mehrerer thematischer Karten entsteht eine weitere Metakarte. Die qualitativen Beschreibungen der Orte aus den Themenkarten werden in eine vereinfachte Zeichensprache übersetzt und in „Erfahrungskarten" der Schulumgebung übertragen.

Atlas als Raum:
Zum Abschluss der Fallstudie erarbeiten Schüler/innen den *Atlas unsichtbarer Räume*, ein mit Unterstützung von Künstler/innen gestaltetes räumliches Ausstellungsdisplay, welches idealerweise im öffentlichen Raum oder in einem lokalen Museum gezeigt wird. Die aktive Teilnahme der Schüler/innen an der Ausstellungsgestaltung und der Präsentation eröffnet ihnen eine neue Perspektive. Die Jugendlichen agieren als Vermittler/innen räumlichen Wissens, die von Schulöffentlichkeit und Eltern, aber auch von Medien und Lokalpolitik als Expert/innen ihrer Umgebung wahrgenommen werden.

5. Fallstudien

Das Projekt *Atlas unsichtbarer Räume* verfolgt das Ziel, die geschilderten Methoden der kartografischen Aneignung von Raum im Rahmen von Fallstudien an unterschiedlichen Schulstandorten und Schultypen umzusetzen. Dabei wird darauf Wert gelegt, dass zumindest zwei Unterrichtsfächer beteiligt sind, beispielsweise Geografie und Wirtschaftskunde in Kombination mit Bildnerischer Erziehung. Um den Schüler/innen das Thema Kartografie nahezubringen, werden historische Karten aus Mittelalter und Renaissance, moderne Karten und künstlerische Karten gezeigt und diskutiert. Ein Schwerpunkt dabei

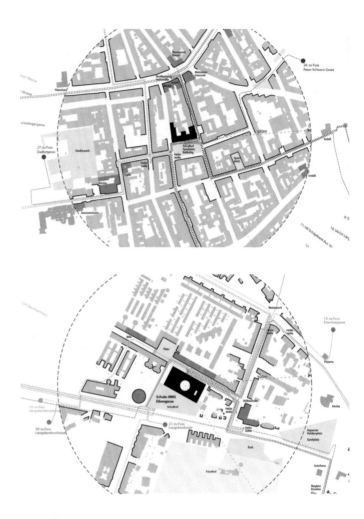

Abb. 1 Überlagerung der Schulwege Henriettenplatz

Abb. 2 Überlagerung der Schulwege Eibengasse

ist, die Problematik von Verzerrung und Projektion in der kartografischen Darstellung herauszuarbeiten. Zwei Fallstudien an sehr unterschiedlichen Wiener Schulstandorten sollen hier beispielhaft dargestellt werden.

BRg/ORg 15 Henriettenplatz, 1150 Wien:
Die Schule wurde 1875 im Bezirk Rudolfsheim-Fünfhaus gebaut, die Gebäude der Umgebung stammen weitgehend aus der Gründerzeit. Annähernd die Hälfte der Bewohner/innen im Gebiet ist nicht in Österreich geboren, der Bezirk weist im Wiener Durchschnitt die niedrigsten Einkommen und Mieten auf. Die Umsetzung fand über den Zeitraum von einem Jahr in Zusammenarbeit mit Studierenden, Künstler/innen und lokalen Institutionen statt. Die Schüler/innen stammten aus verschiedenen Klassen der Oberstufe des Gymnasiums und waren 14 bis 17 Jahre alt. Abb. 1

MMS Eibengasse, 1220 Wien:
Die Schule befindet sich im Wiener Bezirk Donaustadt, dem flächenmäßig größten Bezirk Wiens, der auch einer der bevölkerungsreichsten ist. Die Schule und die direkt anschließende Siedlung wurden Mitte der 1990er Jahre gebaut. Die weitere Umgebung ist als Stadtentwicklungsgebiet von Wohnanlagen und Gewerbe dominiert. Die Siedlungsränder gehen in landwirtschaftliche Nutzung über und es finden sich noch Fragmente alter Dorfstrukturen. Die Bevölkerungsstruktur ist jünger als der Wiener Durchschnitt und im Vergleich mit anderen Bezirken eher wenig von Migration geprägt. Hier wurde gemeinsam mit Studierenden des künstlerischen Lehramts mit einer dritten Klasse der Mittelschule (Alter 12 bis 13) gearbeitet. Die Projektarbeit erstreckte sich über etwa sechs Wochen. Abb. 2

Auswertung:
In der analytischen Metakarte werden alle Schulwege der Fallstudien überlagert, wichtige Verbindungen, Knotenpunkte und die Struktur des Stadtviertels treten deutlich hervor. Im dicht bebauten Gebiet am Henriettenplatz dominieren dabei vier Hauptrichtungen, aus denen Schüler/innen mit öffentlichen Verkehrsmitteln anreisen, im weniger dicht besiedelten Umfeld der Eibengasse werden nur zwei Routen bevorzugt. Bei beiden Karten fällt außerdem auf, dass wenige Schüler/innen zu Fuß zur Schule gehen. Als Orientierungsorte werden im Gründerzeitbezirk neben den Haltestellen vor allem der Sportplatz und verschiedene Orte des Konsums genannt. Im Stadterweiterungsgebiet gibt es nur einen Supermarkt in der Nähe, Haltestellen und die benachbarte Schule treten hervor. Die Überlagerung der Erfahrungskarten mit Knotenpunkten der Wegekarten bietet erste Anhaltspunkte für eine vertiefende Untersuchung von wichtigen Sozialräumen der näheren Schulumgebung, die als Folgeprojekt vorgesehen ist.

6. Räumliches Lernen

So wie Linien auf der Karte mit dem Finger nachgezeichnet werden, so finden auch beim Zeichnen von Karten immer wieder Übertragungen statt, die den Kern räumlichen Lernens bilden. Obwohl Jugendliche häufig zögern ohne Vorlage zu zeichnen, ist die Übersetzung räumlicher Erinnerung in eine Zeichnung immer ein Medium, um miteinander über den erlebten Raum zu sprechen. Bei der kollektiven Rekonstruktion der Schulumgebung wird besonders intensiv über die richtige Darstellung und die Bedeutung der Orte diskutiert. Das gemeinsame Be- und Überschreiben der Schulumgebung ermöglicht, dass sich Jugendliche ihre eigene Raumerfahrung zeichnerisch und diskursiv neu aneignen. In der Schulumgebung des Henriettenplatzes hat sich mit Gründung eines *Bildungsgrätzels*[22] bereits gezeigt, dass Schulen ihr Quartier mitgestalten wollen. Wenn Schüler/innen eigene Bilder der Stadt präsentieren und dabei Anerkennung erfahren, wird ihnen bewusst, dass ihre Raumwahrnehmung relevant ist. Für die Zukunft stellt sich die Frage, ob die vermehrte Einbindung von Stadtforschung in den Unterricht nicht ein Weg sein kann, die Schulen noch stärker in der Quartiersentwicklung zu berücksichtigen.

Antje Lehn

1 Kevin Lynch: *The Image of the City*, Cambridge (Mass.)–London 1960.

2 Ebd., 158.

3 Angela Million et al.: *Gebaute Bildungslandschaften. Verflechtungen zwischen Pädagogik und Stadtplanung*, Berlin 2017.

4 Martina Löw: *Raumsoziologie*, Frankfurt/Main 2001, 265.

5 Ebd., 77–79.

6 Romy Hofmann: *Urbanes Räumen. Pädagogische Perspektiven auf die Raumaneignung Jugendlicher*, Bielefeld 2015.

7 Stephan Günzel: *Raum. Eine kulturwissenschaftliche Einführung*, Bielefeld 2017, 78.

8 Deutsche Fassung: Kevin Lynch: *Das Bild der Stadt*, Gütersloh–Berlin–Basel 1965.

9 Jane Jacobs: *Death and Life of Great American Cities*, New York 1961; dt.: *Tod und Leben großer amerikanischer Städte*, Frankfurt/Main–Berlin 1963.

10 Alexander Mitscherlich: *Die Unwirtlichkeit unserer Städte. Anstiftung zum Unfrieden*, Frankfurt/Main 1965.

11 Lucius Burckhardt: *Warum ist Landschaft schön? Die Spaziergangswissenschaft*, Berlin 2006, 251.

12 Lucius Burckhardt/Markus Kutter: *Wir selber bauen unsere Stadt. Ein Hinweis auf die Möglichkeiten staatlicher Baupolitik*, Basel 1953.

13 Jörg Seifert: *Stadtbild, Wahrnehmung, Design. Kevin Lynch revisited*, Gütersloh–Berlin–Basel 2011, 82.

14 Ebd., 84.

15 Ebd., 106.

16 Lynch 1965, 18 (wie Anm. 8).

17 Fredric Jameson: „Postmoderne. Zur Logik der Kultur im Spätkapitalismus", in: Andreas Huyssen/Klaus R. Scherpe (Hg.): *Postmoderne. Zeichen eines kulturellen Wandels*, Hamburg 1986, 97.

18 Aus einem Interview mit Julia Risler und Pablo Ares, Iconoclassitas: https://currystonefoundation.org/practice/iconoclasistas (12.10.2018).

19 Katja Manz: „Sichtbares und Unsichtbares", in: Antje Schlottmann/Judith Miggelbrink (Hg.): *Visuelle Geographien. Zur Produktion, Aneignung und Vermittlung von RaumBildern*, Bielefeld 2015, 133–146: 138.

20 Anke Strüver: „Raum- und Subjektkonstruktion durch visuelle Aufrufungen auf der Mikroebene", in: ebd., 49–66: 50f.

21 Gerhard Hard: *Spuren und Spurenleser. Zur Theorie und Ästhetik des Spurenlesens in der Vegetation und anderswo*, Osnabrück 1995, 36ff.

22 Weiterführende Information zu den Wiener Bildungsgrätzln: http://bildungsgrätzl-schönbrunn.at (22.05.2020), https://www.wien.gv.at/bildungforschung (22.05.2020).

Atlas unsichtbarer Räume

Jeremy Hoskyn

Schulen für Zürich

In der Stadt Zürich ist in den letzten Jahren eine Reihe von bemerkenswerten neuen Schulhäusern entstanden. Aktuell sind zahlreiche weitere Neubauprojekte geplant oder stehen
bereits in Projektierung oder Ausführung. Auslöser für die Renaissance dieser Bauaufgabe
ist ein seit der Jahrtausendwende anhaltendes Bevölkerungswachstum, welches durch
eine Zuwanderung aus dem Ausland und aus den Agglomerationen verursacht wird.
Zudem hat der Flächenbedarf pro Schüler/in in den letzten Jahrzehnten konstant zuge-
nommen. Der Schulhausboom wird in der Stadt Zürich durch verschiedene Strategien
der inneren Verdichtung bewältigt und durch einen konsequenten Einsatz von Architektur-
wettbewerben zur Aufwertung der betroffenen Standortquartiere genutzt.

Eine kleine Schulhausgeschichte
Schulen gehören zu den wichtigsten öffentlichen Bauaufgaben überhaupt. Sie geben neuen, heranwachsenden Generationen Raum,
sich in der Umwelt zurechtzufinden und sich mit den wesentlichen
Lebensaufgaben gemeinsam vertraut zu machen. Sie sind Arbeits-
ort zahlreicher Lehrer/innen und Ort großer Erwartungen und
Hoffnungen der Eltern. Zudem sind sie in den Quartieren signifi-
kante Identifikationspunkte. Schon deshalb ist es bei Schulen
besonders wichtig, dass sie räumlich und materiell besonders gut
und sorgfältig gestaltet sind.
   Die neuen Schulbauprojekte in Zürich sind Teil einer langen
Tradition und sind ein bedeutender Bestandteil einer anspruchs-
vollen Stadtentwicklung. Sie knüpfen an viele historische Schul-
hausvorbilder der Stadt Zürich an. An die Ordnung und Repräsen-
tanz der Gründerzeit, an die Robustheit und Idealisierung des
Heimatstils, an die Funktonalität und Klarheit der Moderne, an die
Sparsamkeit und an den kindlichen Maßstab der Pavillonschulen
der Nachkriegsjahre, an die großen Strukturen und fließenden
Räume der 1960er und 70er Jahre. Die Ölkrise zu Beginn der 70er
Jahre bildete eine Zäsur. Das Schulhaus Looren im Außenquartier
Witikon war 1971 für lange Zeit das letzte neu errichtete Schulgebäude. Bis zur Jahrtausendwende wurden in der Stadt Zürich
während mehr als 30 Jahren keine Schulhäuser mehr gebaut. Auch
der Unterhalt wurde vernachlässigt. Es war die Phase der Stadt-
flucht, während der die Bevölkerung von 450.000 Einwohner/innen
auf 360.000 zurückging. In den 90er Jahren durchlief die Schweiz
antizyklisch zur Eurozone eine Rezession. Eine gezielte Wohnbau-
aktion „10.000 Wohnungen in 10 Jahren", welche auch Familien

wieder guten und günstigen Wohnraum in der Stadt anbieten wollte, brachte ums Jahr 2000 die Trendwende. Seither sorgt eine langjährige stabile rot-grüne Politik für einen Ausbau des gemeinnützigen Wohnungsbaus, für eine Aufwertung des öffentlichen Raums, für einen Ausbau des öffentlichen Verkehrs und eine Verbesserung des sozialen und kulturellen Angebots. Mit dem wirtschaftlichen Aufschwung begann die Stadtbevölkerung wieder kontinuierlich zu wachsen. Die bisherige Höchstmarke von 450.000 Einwohner/innen von 1962 dürfte in wenigen Jahren wieder erreicht werden. Heute orientiert sich die Planung an 525.000 Einwohner/innen für das Jahr 2040. Mit dem Bevölkerungswachstum wuchs auch der Bedarf an neuen Schulen. 2001 wurde mit dem Schulhaus Im Birch erstmals wieder ein Wettbewerb ausgeschrieben. Dann folgte 2002 ein Dammbruch: Ein Wettbewerbspaket mit sieben Schulen auf einen Streich – mit Projekten in der Hardau, Luchswiesen und Rebhügel – lancierte eine Welle mit neuen Schulhäusern und Schulhauserweiterungen. Es folgten Mattenhof, Hirzenbach, Falletsche, später Leutschenbach und Blumenfeld, heute Schauenberg, Pfingstweid und Schütze sowie demnächst Hornbach, Allmend, Freilager, Thurgauerstrasse, Guggach und Borrweg. Aktuell laufen Wettbewerbe für Saatlen für die größte öffentliche Schule der Stadt sowie die Erweiterungen Isengrind, Mühlebach und Luchswiesen. Höckler, Leimbach, Tüffenwies und Sirius sind weitere absehbare Neubauprojekte. Zudem wurde ab 2000 auch wieder fleißig in die bestehende Substanz investiert – sogar noch mehr als in die erwähnten Neubau- und Erweiterungsprojekte.

Schulen waren schon immer auch Ausdruck ihrer Zeit und der pädagogischen Haltung, ein Feld reformerischer Auseinandersetzungen. In der Gründerzeit stand ein Lehrer noch vor einer Klasse von bis zu 80 Schüler/innen. Er erklärte im Takt eines fixen Stundenplans eine überschaubare, festgefügte Welt. Strenge Ordnung und Disziplin waren seine didaktischen Mittel, um Übersicht und Oberhand zu behalten. Mit der Zeit reduzierten sich die Klassengrößen: 1950 waren es etwa 40, 2000 noch 20 Schüler/innen. Zudem ist der Unterricht differenzierter geworden. Neben dem Klassenzimmer kamen spezifische Räume für Turnen, Werken, Handarbeiten, Kochen und Singen hinzu. Dies generierte neue Schulhaustypologien. Da einfache Stapelung um ein Treppenhaus nicht mehr ausreichte, wurden lange Korridore, Hof- und Pavillonformen entwickelt. Alfred Roth schuf mit seinem Standardwerk *Das neue Schulhaus* wichtige Grundlagen für eine vorbildliche Schulhausarchitektur. Nicht alle Schulreformen waren und sind von Dauer. Sprachlabore, Schreibmaschinenzimmer, Mediatheken sind wieder verschwunden, repräsentative Aulen und Säle stehen häufig leer. Trotzdem haben die historischen Schulen auch heute noch einen hohen Nutzwert. Einfache, bewährte Grundwerte wie große und hohe Räume, gute Belichtung, vorzugsweise zweiseitig, robuste und sinnliche Materialien bilden die Grundlagen dazu.

Heute hat sich der Schulunterricht von einem Einzelereignis in verschiedene, gleichzeitig ablaufende Handlungen und Szenarien aufgelöst. Die individuellen Lernformen haben den alten Frontalunterricht zwar nicht ganz abgelöst, aber doch zu einer Unterrichtsform unter mehreren gemacht. Neben dem Unterricht in der ganzen Klasse lernen die Kinder heute auch oft alleine oder in Gruppen. Dazu braucht es zusätzliche Gruppenräume oder großzügige Erschließungszonen, die außerhalb der Auflagen des Brandschutzes organisiert sind. Die heutigen Schulen sind tatsächlich zu einer Art Lernwerkstatt geworden.

Umbau in Tagesschulen

Die Stadt Zürich verfügt heute über rund 125 öffentliche Schulanlagen und etwa doppelt so viele kleinere Kindergärten. Diese Gebäude stammen aus einer Zeitspanne von mehr als 150 Jahren. Zwei Drittel davon stehen unter Denkmalschutz und bilden einen wertvollen, historischen Kulturschatz. Obwohl sich die Bedürfnisse und die pädagogischen Methoden und Konzepte stark verändert haben, konnten die meisten dieser historischen Schulen ihren hohen Gebrauchswert bis heute erhalten.

Die überwiegende Mehrheit der rund 35.000 Schüler/innen zwischen fünf und 16 Jahren besuchen in der Stadt Zürich wie anderswo in der Schweiz immer noch eine öffentliche Schule. Und diese für die Gesellschaft wichtige Tradition scheint weiterhin erhalten zu bleiben, obwohl auch ein Trend hin zu Privatschulen erkennbar ist. Das Schulhaus bleibt somit ein wichtiger gemeinsamer *lieu de memoire*, ein Ort der gemeinsamen Erfahrung und Erinnerung. Die öffentliche Volksschule ist ein Teil dessen, was die Schweiz im Innern zusammenhält.

Mit der Reduktion der Schülerzahlen sowie der Spezialisierung und Individualisierung des Unterrichts ist der Flächenbedarf pro Schüler/in über Jahrzehnte kontinuierlich gewachsen. Während 1960 einem Schulkind noch $10\,\text{m}^2$ genügten, sind es heute $26\,\text{m}^2$. Es gibt aber Anzeichen, dass damit der Peak erreicht ist und ein leichter Rückgang erwartet werden kann. Die aktuellen Schulbauprojekte sind erste Anzeichen dazu.

Der größte Umbau der Schulen ist in der Schweiz und in Zürich allerdings erst gerade in Gang gekommen. Die Rede ist hier von der Einführung der Tagesschule, welche 2018 per Volksabstimmung beschlossen wurde und bis 2025 in der ganzen Stadt flächendeckend eingeführt werden soll. Dies bedeutet, dass alle neuen Schulhäuser als Tagesschulen bestellt und alle bestehenden Schulen mit Betreuungs- und Verpflegungsräumen nachgerüstet werden müssen. Als Ausgleich zur Tendenz einer Vergrößerung der Schulen werden kleinere, familiäre Unterstrukturen in Form von Clusterbildungen eingeführt. Ein Schulcluster in der Volksschule

Schulen waren
schon immer auch
Ausdruck ihrer Zeit
und der pädagogi-
schen Haltung, ein
Feld reformerischer
Auseinanderset-
zungen.

besteht heute im Idealfall aus vier Klassenzimmern in der Unterstufe und drei Klassenzimmern in der Oberstufe mit je einem direkt und indirekt zugänglichen Gruppenraum. Weiters gehören ein klassenzimmergroßer Aufenthaltsbereich sowie eigene Garderoben und WC-Anlagen dazu. Die Lehrerräumlichkeiten sind weiterhin für die gesamte Schule zentralisiert, weil so die Kommunikation und der Austausch zwischen den Clustern besser aufrechterhalten werden kann.

Die Stadt Zürich erwartet in den nächsten acht Jahren 20 Prozent mehr Schüler/innen. Schon 2025 muss Raum für 325 zusätzliche Klassen bereitgestellt werden. Dafür stehen jedes Jahr CHF 50 Mio. zusätzliche Mittel zur Verfügung. Trotz dieser Schulraumoffensive zeichnet sich für Mitte des Jahrzehnts eine Unterversorgung ab. Schnelle Lösungen zu finden, ist nicht einfach. Das Bauen im Kontext der Stadtverwaltung ist aufwendig, weil viele, auch widersprüchliche Ziele verfolgt und viele unterschiedliche Akteure eingebunden werden müssen. Das Schulamt ist als Nutzer für den Schulbetrieb und für die Ermittlung des Schulraumbedarfs verantwortlich. Immobilien Zürich ist als Eigentümerin für die Gebäudebewirtschaftung und für die Raumstrategien und Budgetierungen zuständig. Das Amt für Hochbauten als Bauherrenvertretung ist für die strategischen Planungen und Machbarkeitsstudien, für die Wettbewerbe und Auswahlverfahren sowie für das Projektmanagement zuständig.

Wegen ihrer Bedeutung stehen die Schulen zurecht auch immer wieder im Fokus von Medien und Politik. Neben dem Standort und der Einordnung in den Quartieren geht es dabei immer wieder um die Verhältnismäßigkeit der Kosten. Jede Bauinvestition über CHF 20 Mio. und damit jede neue Schulbauvorlage muss durch den Stadtrat, das Stadtparlament und durch eine Volksabstimmung genehmigt werden. Auch bei der Erreichung der Ziele der 2000-Watt-Gesellschaft und bei der Umsetzung aktueller ökologischer Anliegen wie Stadtklima und Biodiversität kommt den Schulen eine wichtige Vorbildfunktion zu.

Natürlich ist auch in der wachsenden Stadt Zürich der Platz für neue Schulen knapp. Erweiterung und Verdichtung der bestehenden Anlagen sind die am häufigsten angewandten Methoden. Die Möglichkeiten der öffentlichen Hand, neues Land zu erwerben, sind beschränkt. Eine Ausnahme bilden da die sogenannten Entwicklungsgebiete auf ehemaligen Industrie- und Kleingartenarealen. Um ihrer Aufgabe einer vorausschauenden Schulraumversorgung gerecht zu werden, verfolgt die Stadt Zürich im Wesentlichen folgende Strategien:

Jeremy Hoskyn

_Kurzfristige Schulraumprovisorien
_Langfristige Mietverhältnisse und Baurechte
_Erneuerung und Anpassung
_Verdichtung durch Erweiterungsbauten
_Ersatzneubauten
_Neubauten in Entwicklungsgebieten

Kurzfristige Schulraumprovisorien
Für die Planung, Projektierung und den Bau eines neuen Schulhauses sieht der städtische Standardphasenplan einen Zeitraum von bis zu zehn Jahren vor. Was der Qualität und Akzeptanz der Neubauten zugutekommt, ist hinsichtlich der sich abzeichnenden Versorgungsengpässe problematisch. Aus diesem Grund ist in der Stadt Zürich seit 1998 eine kurzfristig einsetzbare Provisoriumslösung, der Pavillon „Züri-Modular", im Einsatz. Dieser vorgefertigte Modulbau aus Holz kann bis drei Geschosse hoch gebaut werden und bis zu sechs Klassenzimmer zur Verfügung stellen. Diese Provisorien sind bezüglich Kosten pro Klassenzimmer zwar nicht günstiger, sie können jedoch mit einer Vorlaufzeit von weniger als eineinhalb Jahren bereitgestellt werden. Trotzdem werden die Provisorien in der Öffentlichkeit kritisch beobachtet. Die Idee des modularen Pavillons ist allerdings nicht neu. Bereits um 1910 war der „Fissler-Pavillon", um 1950 der „Steiner-" und um 1970 der „Variel-Pavillon" im Einsatz. Von allen Generationen lassen sich in der Stadt heute noch Beispiele finden. Von der neusten Generation sind aktuell 65 Pavillons mit rund 250 provisorischen Klassenzimmern im Einsatz.

Miete, Baurecht und Kauf von Gewerbeliegenschaften
Es ist ein wichtiger Grundsatz der städtischen Politik, für die öffentlichen Aufgaben eigene Liegenschaften bereitzustellen. Bei den Schulen wird zurzeit allerdings auch versucht, geeignete Liegenschaften langfristig zu mieten oder im Baurecht zu übernehmen. Dabei kommt der öffentlichen Hand die aktuell schwache Nachfrage auf dem Büro- und Gewerbemarkt entgegen. Zurzeit ist vorgesehen, das ehemalige Radiostudio, welches aufgrund einer baulichen Umstrukturierung des nationalen Senders freigeworden ist, im Baurecht zu übernehmen und für eine schulische Nutzung herzurichten. Damit die Anlage bereits 2024 als Schule übergeben werden kann, wurde ein Vorgehen in drei Phasen ausgewählt: In einer ersten Phase wird das Radiostudio mittels Direktauftrag mit möglichst einfachen Mitteln in eine Schule umgebaut. Die fehlenden Sporteinrichtungen sollen anschließend über einen Wettbewerb ausgeschrieben und ergänzt werden. Damit kann auch das Standardraumprogramm komplettiert und die heute unbefriedigende Eingangslösung verbessert werden. Danach ist eine Gesamtinstandsetzung unter Betrieb vorgesehen. Beim Schulhaus Schütze hat die Stadt vor einigen Jahren eine alte Gewerbeliegenschaft erworben und zusammen mit einem Erweiterungsbau in eine neue Schule umgebaut.

Erneuerung und Anpassung bestehender Schulhäuser

Der Umgang mit dem großen, oft auch historisch wertvollen Bestand an Schulanlagen bildet nicht nur hinsichtlich Schulraumversorgung, sondern auch bezüglich Werterhaltung eine große Herausforderung. Bei den periodischen Instandsetzungen der Bausubstanz und den Anpassungen an die pädagogischen Bedürfnisse und die 2000-Watt-Gesellschaft wird auch darauf geachtet, dass der originale Charakter und die ursprüngliche Erscheinung der Bauten weiterhin erhalten bleiben. Die Frage der Eingriffstiefe und des richtigen Verhältnisses von Aufwand und Ertrag muss für jeden Einzelfall neu geprüft und beantwortet werden. Verschiedene gelungene Beispiele von renovierten innerstädtischen Gründerzeitschulen (Beispiel Schulhaus Brauer, Seefeld), aber auch von Schulen in den Außenquartieren (Milchbuck, Chriesiweg) zeigen, dass ein sorgfältiger Umgang mit der historischen Substanz und der Gebrauchswert als zeitgenössische Schule keine grundsätzlichen Widersprüche darstellen. Die beauftragten Architekturbüros werden für diese Aufgaben jeweils über Skizzenkonkurrenzen ermittelt. Der Zuschlag wird über die eingereichte Lösung einer wesentlichen Teilaufgabe und aufgrund der Honorarofferte ermittelt. Die Stadt Zürich achtet darauf, dass bei der Vergabe der Planeraufträge qualitative Kriterien eine wichtige Rolle spielen.

Verdichtung bestehender Schulanlagen durch Erweiterungsbauten

Bestehende Schulanlagen werden auch immer wieder auf ihr Erweiterungspotenzial überprüft. Eine grobe Grundlage dafür liefert eine strategische Potenzialstudie, welche 2017 über sämtliche Schulkreise erstellt worden ist. Mit Berechnungen der Ausnützungsreserven und mit einfachen Volumenstudien und Flächenschemata wurde aufgezeigt, welche Schulanlagen um wie viele Klassenzüge erweitert werden können und welche nicht. Besteht in einem Schulkreis aufgrund der aktuellen Schülerprognosen zusätzlicher Schulraumbedarf, bestellt Immobilien Zürich beim Amt für Hochbauten im Rahmen von Quartieranalysen weiterführende Studien, welche die verträgliche städtebauliche und freiräumliche Dichte auf den bestehenden Arealen untersuchen soll. Diese strategischen Studien werden auch mit den zuständigen politischen Instanzen diskutiert. Ist eine bestehende Schulanlage für eine Erneuerung und Erweiterung besonders geeignet, werden mit einer umfassenden Machbarkeitsstudie alle wesentlichen Rahmenbedingungen abgeklärt. Beispiele sind Hirzenbach, Allenmoos und Falletsche.

Neubauten in Entwicklungsgebieten

Auch in der Stadt Zürich sind in den letzten beiden Jahrzehnten als Folge der gesellschaftlichen Umstrukturierungen in ehemaligen Industriequartieren einzelnen Parzellen, aber auch ganze Stadtteile für neue Nutzungen frei geworden. Zudem sind auch einige bestehende Familiengartenareale in den letzten Jahren unter Umwidmungsdruck geraten. Die öffentliche Hand versucht bei diesen Veränderungen immer wieder strategisch wichtige Grundstücke für gemeinnützigen Wohnungsbau, für Infrastrukturanlagen, für öffentliche Parkanlagen und nicht zuletzt auch für die Schulraumversorgung dazuzukaufen. In diesen Entwicklungsgebieten entstehen oft viele Neubauwohnungen, was den Bedarf an Schulraum zusätzlich anheizt. In neuen Stadtquartieren kommt den Schulen auch eine ikonografische Aufgabe zu. Wie bei allen Neubauten sucht das zuständige Amt für Hochbauten den bestmöglichen Projektvorschlag über Architekturwettbewerbe, welche in der Regel offen ausgeschrieben werden. Damit führt die Stadt Zürich eine über 100-jährige, erfolgreiche Tradition fort. Bekannte Schulneubauten in Entwicklungsgebieten sind Im Birch von Peter Märkli, Leutschenbach von Christian Kerez und Pfingstweid von Baumann Roserens.

Ersatzneubauten

Was im Wohnungsbau für Erneuerungen und Verdichtungen schon längst alltäglich geworden ist, hat im Schulbau wegen der guten Raumdispositionen und Bauqualität Seltenheitswert: der Abbruch und der Ersatz durch Neubauten. Eine Ausnahme bildet hier das 2019 in Betrieb genommene Schulhaus Schauenberg von Adrian Streich, welches einen Vorgängerbau von 1969 nach nur 50 Jahren ersetzt. Damals setzte man auf eine vorgefertigte Betonelementbauweise, um Kosten und Bauzeit zu sparen – eine Rechnung, die unter einer Lebenszyklusbetrachtung nicht aufgegangen ist. Der schlechte bauliche Zustand, konzeptionelle und räumliche Mängel sowie ein prognostizierter Schülerzuwachs führten schließlich zum Abbruchentscheid. Das Schulhaus Schauenberg setzt den aktuellen Bedarf der Schule mit überschaubaren Clustern und einem flexiblen Raumangebot für eine Ganztagsstruktur optimal um. Die exemplarische Anforderung, die Baukosten zu senken, wurde mittels einer Flächeneinsparung erreicht: 15 Prozent weniger Fläche resultierte in um zehn Prozent niedrigeren Baukosten. Dank eines großen, überdachten Innenhofs in der Mitte der vier flügelartig ausgreifenden Schul- und Sporttrakte erhält die Schule trotzdem einen großzügigen Raum und das Quartier ein eigenes Zentrum.

Die aktuelle Wachstumsphase hat in Zürich die größte Schulraumoffensive der Stadtgeschichte ausgelöst. Während im Jahr 2000 noch rund 20.000 Kinder die Zürcher Schulen besuchten, werden es 2030 mit 39.000 fast doppelt so viele sein. Trotz der enormen finanziellen Aufwendungen ist die Akzeptanz in der Bevölkerung für neue Schulhäuser immer noch sehr hoch. Jede neue Schule bildet für das betroffene Standortquartier eine Chance, ein neues Zentrum und damit ein Stück neue Identität zu erhalten. Um diese Chancen auch wirklich zu nutzen, werden in Zürich alle neuen Projekte über Machbarkeitsstudien und Architekturwettbewerbe entwickelt. In Abhängigkeit mit den sich laufend verändernden Anforderungen der Schulen entstehen so immer wieder neue Schulhaustypologien, die sich gegenseitig befruchten und beeinflussen. Der Umstand, dass mit der ETH und weiteren Architekturschulen immer wieder neue Generationen von gut ausgebildeten Architektinnen und Architekten in die Berufswelt eintreten, die sich bei den Wettbewerben als Teilnehmer und als Juroren engagieren, lässt sich auch an der hohen Qualität der neuen städtischen Schulen ablesen.

Abb. 1 Christian Kerez, Schulhaus Leutschenbach,
2002–2009
Abb. 2 Ladner Meier Architekten, Sanierung, Schulhaus Brauer, 2012–2014; Bestand: Ernst Hermann
Müller, 1880–1881
Abb. 3 Klassenzimmer einer Schweizer Volksschule,
um 1900

Abb. 4 „Züri Modular"-Pavillon, 2. Generation bei
der Schulanlage Milchbuck, Baujahr 2015
Abb. 5 Christian Kerez, Schulhaus Leutschenbach,
Klassenzimmer, 2002–2009

Jeremy Hoskyn

Abb. 6 Boltshauser Architekten, Umbau und Instandsetzung Schulanlage Hirzenbach, 2005–2008

Abb. 7 Adrian Streich, Schulanlage Schauenberg,
Hauptgeschoss, 2019

Abb. 8 Adrian Streich, Schulanlage Schauenberg, 2019

Abb. 9 Peter Märkli, Schulanlage Im Birch, 2002–2004

Abb. 10 Boltshauser Architekten, Schulpavillon
Allenmoos II, 2011–2012

Maik Novotny

Form und Freiheit

Objekte, Cluster und Lernlandschaften.
Der Sonderbaustein Schule im Wiener
Schulbauprogramm 2000 der 1990er Jahre
und im Campusmodell der Gegenwart.

„Noch nie zuvor sind in der Bundeshauptstadt so viele architektonisch gute Schulbauten
entstanden wie in den letzten Jahren", schrieb Leo Dungl am 1. April 1996 in der österreichischen Tageszeitung *Kurier*. Das Schulbauprogramm 2000 hatte zu diesem Zeit-
punkt die Hälfte seiner anvisierten Zeitspanne absolviert, einige vielbeachtete Bauten
waren bereits fertiggestellt und in Benutzung. Zwischen 1993 und 1996 entstanden in
Wien pro Jahr jeweils mehr Schulen als in den gesamten 1980er Jahren. 1993 wurde die
gesetzliche Grundlage für Ganztagsschulen geschaffen, was eine erhebliche Erweiterung
der Nutzflächen bedingte.

Die Beweggründe für das Schulbauprogramm 2000 sind vielfältig. Zum einen
basierte es auf einem persönlichen Austausch zwischen Stadtrat und (ausnahmslos
männlichen) Architekten, die bei der Architekturbiennale 1991 in Venedig vertreten waren,
zum zweiten aus einem heute prophetisch anmutenden Bewusstsein für die nach Stagna-
tion und Schrumpfung wieder wachsende Stadt, wenn auch in vergleichsweise geringem
Maße. Grund dafür waren die Ostöffnung und in den Folgejahren auch die vielen
Fluchtbiografien durch die Jugoslawienkriege von 1991 bis 1995.

Ein weiterer Anlass war pädagogisch-gesellschaftlicher Natur. „Dem Anspruch,
einerseits ausreichend neue Schulen zu schaffen, andererseits im Schulbau durch höchste
architektonische Qualität die Basis für eine solidarische Gesellschaft von morgen zu legen,
hat die Stadt Wien versucht mit ihrem Schulbauprogramm 2000 gerecht zu werden",[1]
formulierte der federführende Stadtrat Hannes Swoboda seine Motivation rückblickend
im Jahr 1996.

Die Relevanz der Schule als Eintritt in die Gesellschaft ging dabei Hand in Hand
mit ihrer Rolle als elementarer Baustein städtebaulicher Entwicklung und als kultu-
relles Transportmittel via Architektur: „Schule muss multifunktional sein und Identitätsstifter für neue Stadtteile [...]. Dazu kommt aber noch, dass zeitgemäßer Schulbau
die Kinder und Jugendlichen zum ersten Mal mit Architektur und Städtebau konfron-
tiert. Durch die tägliche, zum Teil unterbewusste Auseinandersetzung mit der eigenen
Schule findet quasi eine sanfte Einführung in die Architektur statt."[2] Der Architektur
an sich wurde somit durch ihre räumliche Präsenz in der täglichen Benutzung eine
pädagogische Rolle zugeschrieben – bemerkenswerterweise waren dabei die speziellen
Anforderungen an Schulbauarchitektur als Qualitätsmaßstab zweitrangig gegenüber
der Qualität „an sich", die oft durch die etablierte Position der beteiligten Architekten
als evident angesehen wurde.

Bewunderte Bauwerke, alchemistische Architektur

Eine fast überspitzt pointierte Verdichtung dieser Denkweise lieferte Walter M. Chramosta in seinem umfassenden Rückblick auf das Schulbauprogramm im Jahr 1996, der auch auf dessen Vorläufer aus den 1980er Jahren Bezug nahm. In seiner Beschreibung von Hans Holleins Volksschule Köhlergasse in Wien-Währing (Planung 1979, Ausführung 1984–1990) resümierte er lakonisch-apodiktisch: „Die Schüler werden mit der Tatsache umgehen lernen, dass sie ein bewundertes Bauwerk nutzen dürfen."[3] Es sei sozusagen eine Ehre für jedes Kind, jeden Tag mehrere Stunden in einer Schule aus Meisterhand verbringen zu dürfen. Um es ebenso überspitzt zu formulieren: Der Architektur wird hier eine quasi magisch-alchemistische Rolle in der Menschenbildung zugeschrieben, der mögliche Konflikt zwischen einem zelebrierten Werk und seiner Nutzbarkeit aber ebenso antizipiert.

Doch es wäre unfair, das Schulbauprogramm und seine Rezeption rein auf die architektonische Selbstreferenz zu reduzieren, denn seine Umsetzung lieferte sowohl architektonisch als auch städtebaulich eine Fülle wertvoller Ansätze dafür, was Schularchitektur im urbanen Kontext leisten kann. Diese Ansätze lassen sich, mit 25 Jahren Abstand und nach urbanistischen Kriterien geordnet, grob in folgende vier Typologien einteilen: als Zentrum neuer Siedlungsgebiete, als Arrondierung der wachsenden Stadt zum Freiraum hin, als Setzung in einem unklaren und heterogenen Umfeld und als Setzung im innerstädtischen Kontext in Ergänzung der gründerzeitlichen Blockstruktur.

Eine Analyse aller Realisierungen des Schulbauprogramms 2000 würde den Rahmen sprengen, daher sollen hier nur exemplarisch die oben genannten städtebaulichen Ansätze nachgezeichnet werden – auch im Hinblick auf einen Vergleich mit den Schulen des Wiener Campusmodells der 2010er und 2020er Jahre.

Die Schule als Siedlungskern

Zu jenen Beispielen, die eine zentrale Rolle in einer Siedlungserweiterung spielen, gehört die Volksschule und Musikschule Schumpeterweg in Wien-Floridsdorf von Stefan Hübner und Peter Leibetseder (1992–1995), ein langgezogenes Komposit formaler und formalistisch-spielerischer Ansätze. Bemerkenswert ist, dass bereits damals in Bezug auf das transdanubische Wachstum Wiens von einer „neuen Gründerzeit"[4] die Rede war, ein Slogan, der im Rahmen des weitaus dramatischeren Wachstums der 2010er Jahre wieder auftauchen sollte. Die Haltung der Architekten, mittels Collage ein identitätsstiftendes Replikat der gewachsenen Stadt zu erzeugen, erntete allerdings auch Kritik: „Die vielteilige Bebauung [...] stellt sich schon vor ihrer Fertigstellung als forcierter Versuch dar, städtisches Ambiente zu erzeugen, ohne das über ein Jahrhundert Bewährte in absehbarer Zeit erreichen zu können."[5]

Einen anderen, wenn auch nicht weniger formverliebten Ansatz verfolgten Gustav Peichl und Rudolf F. Weber bei der Volks- und Hauptschule Hanreitergasse, ebenfalls in Wien-Floridsdorf (1993–1996). Es handelt sich um zwei identische Zeilen, dazwischen die Turnhalle und eine gedrehte Ellipse als Dreh- und Angelpunkt des Raumprogramms, erschlossen durch eine schiefe Rampe; eine dritte, kürzere Zeile liegt parallel daneben. Auch hier gab es den Versuch, dem genormten Regelgrundriss der Klassenräume einen „verspielten", räumlich bereichernden Kontrapunkt zu geben, der gleichzeitig das Scharnier zur Stadt darstellt und den kulturellen Bildungsauftrag markiert. Dies allerdings auf Kosten langer Wege für Lehrer und Schüler, da die Klassentrakte nur an einem Ende an die Ellipse, in der sich die Räume für Direktion und Lehrpersonal befinden, angebunden sind.

Die Markierung des Randes

Die Schulen der zweiten Typologie sind weniger an zentralen Stellen in neuen Quartieren angesiedelt, vielmehr markieren sie den Stadt- bzw. Siedlungsrand neu. Manfred Nehrers und Reinhard Medeks aufgrund langwieriger Anrainerproteste verspätet realisierte Volksschule Rohrwassergasse in Wien-Meidling (1991–1993) tut dies in gelungener Weise, indem der Klassentrakt zur Kurve gebogen wurde und auf fast beiläufige Weise den Straßenraum sowohl zum Haupteingang der Schule lenkt als ihn auch zum Park von Schloss Hetzendorf hin weitet. Eine vergleichsweise kleine Schule von unangestrengter Freundlichkeit, die städtebaulich das Beste aus ihrem zur Verfügung stehenden Volumen macht.

Einen ähnlichen Zugang verfolgte Günther Domenig bei der Hauptschule Simonsgasse in Wien-Essling (1993–1996). Auch hier wurde mit schwungvoller Geste der Klassentrakt gebogen, der die Wohnbebauung von den landwirtschaftlichen Flächen im Westen trennt und dessen südöstlich auslaufende Gerade – noch vor dem Bau der Seestadt – in der Flucht einer der Landebahnen des Flugfelds Aspern lag. Diese dynamische Gestik geht allerdings auf Kosten eines relativ beengten Innenhofs, der durch eine überdimensionierte und überinszenierte Freitreppe aufs Dach entlastet wird. Die Innenräume im Scheitelpunkt der Kurve können das Versprechen der Dynamik nicht ganz einlösen, da sie aus dem System der Zweihüftigkeit nicht ausbrechen.

Eine ganz andere Lösung für den Umgang mit der morphologischen Unschärfe transdanubischer Felder setzte Helmut Wimmer mit der Volksschule Breitenleer Straße (1995–1997) um, die in ihrer linearen Anordnung eingeschossiger Klassenräume um fünf grüne Atriumhöfe dörflich-ländliche Strukturen mit dem Typus des verdichteten Flachbaus zu einem ruhigen und angemessen dimensionierten Stadtbaustein auf länglicher Parzelle vereint.

„Dem Anspruch, [...] im Schulbau durch höchste architektonische Qualität die Basis für eine solidarische Gesellschaft von morgen zu legen, hat die Stadt Wien versucht mit ihrem Schulbauprogramm 2000 gerecht zu werden."

Hannes Swoboda

Stadt vermitteln, Stadt vervollständigen

Eine Setzung im heterogenen Umfeld stellt die Schule Dirmhirngasse (1991–1994) in Wien-Liesing von Boris Podrecca dar, die als Erweiterung der bestehenden Schule auf der anderen Straßenseite eine Vielzahl von Referenzen bis hin zur gelb-grünen Farbgebung vereinigt, die laut Walter M. Chramosta auf „die Vitalität der Photosynthese" Bezug nimmt.[6] Wie bei anderen Bauten der Schulbauoffensive ist auch hier eine hallenartige, mehrgeschossige Aula räumliches Zentrum und Knotenpunkt der Erschließung und bildet – neben weiteren Funktionen – einen Ausgleich zu den immer noch unvermeidbaren Korridoren. Städtebaulich vermittelt der Bau erfolgreich zwischen dem Bestandsbau aus dem 19. Jahrhundert, einem neungeschossigen Gemeindebau aus den 1960er Jahren und diffusen, topografisch höher gelegenen Hintausbereichen.

Ebenfalls eine Brückenlösung setzten Nehrer und Medek mitten in die Blockrandstruktur von Favoriten. Ihre Doppelvolksschule Jagdgasse (1991–1993) verklammert zwei Blöcke miteinander und bezieht auch den dazwischenliegenden Straßenraum mit ein. Entgegen der ursprünglich vorgesehenen Bebauung, die die Straße komplett versperrt hätte, ergänzten die Architekten die beidseitig fehlenden Elemente des Blockrands und verbanden sie mit einer Brücke, sodass die Straße darunter für Fußgänger benutzbar blieb.

Einen speziellen Fall für das Implantat einer Schule in einen Gründerzeitblock stellt die Sonderschule für sehbehinderte Kinder in der Zinkgasse im 15. Bezirk von Georg Driendl und Gerhard Steixner (1992–1995) dar. Hier wurde der beengte Raum einer schmalen Parzelle maximal ausgenützt, das Resultat ist ein clever verschachteltes Raumgefüge, das vom Klassenzimmer bis zum im Untergrund versenkten Turnsaal ein erstaunliches Maß an natürlicher Belichtung und Raumqualitäten aufweist. „Die Sonderschule kann zwar nicht zur Entfestigung der Zinshausstadt beitragen",[7] urteilte Walter M. Chramosta damals, sie könne aber den Ort neu bewerten.

Die Rezeption des Schulbauprogramms 2000

Es ist bezeichnend, dass das Schulbauprogramm bereits kurz nach der Fertigstellung der ersten Bauten ausführlich und kritisch rezipiert wurde, sowohl in Publikationen des Magistrats selbst als auch von außen. Die *Neue Zürcher Zeitung* schrieb schon im Mai 1996: „Schließlich führte in den vergangenen beiden Jahren das SBP 2000 zu außergewöhnlichen Lösungen",[8] und hob dabei insbesondere Helmut Richters Schule am Kinkplatz (1992–1994) und die Hauptschule Absberggasse von Rüdiger Lainer und Gertrud Auer (1991–1994) lobend hervor.

Was von anderer Seite als notwendig für die Qualität verteidigt wurde, unterlag naturgemäß der Kritik am Aufwand und an zu hohen Kosten des Schulbauprogramms.[9] Auch von Seiten der Stadtverwaltung wurde versucht, kostengünstigere Lösungen zu finden, unter anderem die – damals schon eigenartig anmutende – Idee der damaligen Vizebürgermeisterin und ausgebildeten Volksschullehrerin Grete Laska, erfolgreiche Schulbauten wie die Ganztagsvolksschule Pastinakweg in Hirschstetten (atelier 4, Fertigstellung

1995) einfach in gleicher Form woanders noch einmal zu errichten, doch wie Leopold Dungl schreibt: „Ein durchaus gelungener Schulbau. Aber keine Vorlage, die man einfach vervielfältigen kann. Das haben die Architekten damit gar nicht vorgehabt."[10]

Spätere Publikationen beurteilen das Schulbauprogramm differenzierter: „Die [...] Erkenntnis [...] ist, dass sich die beiden [...] diametral gegenüberstehenden, grundsätzlichen Entwurfskonzepte von Gangschule und Hallenschule in den 90er Jahren aufzulösen begannen. Die besten der untersuchten Beispiele, insbesondere aus dem Schulbauprogramm 2000 der Stadt Wien stammend, betrafen Mischformen zwischen beiden Bautypen. Mittlerweile hat sich die bunte Palette an [...] Funktionstypologien noch deutlich erweitert."[11]

Kritisch beurteilt wurden unter anderem genau jene Räume, die damals als großzügiger Ausgleich zu den rigiden Klassentrakten konzipiert wurden: „Ein Bereich, der in den letzten Jahren eine deutliche Aufwertung erfahren hat, ist die Eingangs- und Erschließungszone von Schulen, die vorzugsweise als geschoßhohe verglaste Aula ausgeführt wird. [...] Die Theatralik, mit der manche Foyers arrangiert werden, genügt repräsentativen Ansprüchen und mag beeindrucken. Für Kinder und Jugendliche zählen sie aufgrund ihrer Größe, der Einseh- und Kontrollierbarkeit und der nicht selten problematischen akustischen Belastung nicht unbedingt zum bevorzugten Aufenthaltsort und Treffpunkt, auch wenn sie die Charakteristika eines offenen Platzes bieten."[12] Eine Kritik, die den internationalen Wandel in der Rezeption von und die Anforderungen an Schulbauarchitektur widerspiegelte: „Hier zeigt sich, dass eine ansprechende Ästhetik zu wenig ist, um im Schulalltag alleine zu bestehen, denn eine kindgemäße Architektur orientiert sich an der Welt und an den Bedürfnissen der Kinder. Architekturbüros, die den Nutzern fix festgelegte Räume und nicht weiter gestaltbare Räume übergeben, haben mitunter an deren Bedürfnissen vorbeigeplant."[13]

Spiel mit den Sachzwängen: Das Schulbauprogamm 2000 aus heutiger Sicht

Dies trifft sicher nicht auf alle Bauten der damaligen Zeit zu. Doch auch bei den gelungenen unter ihnen ist der Versuch, spielerisch mit Sachzwängen umzugehen, spürbar. Die Normklassen mit ihrem imperialen Maß von neun mal sieben Metern wurden als ewig unvermeidbar angesehen, gleichzeitig bemühte man sich, ihre Rigidität aufzubrechen. Sei es, dass die Gänge dazwischen zu Trichtern aufgeklappt wurden, sei es, dass man die Klassentrakte zu linearen Strängen gruppierte und diese in einer Art dekonstruktivistischem Grundriss-Mikado von orthogonaler Strenge befreite, sei es, dass man ihnen Sondertrakte beigesellte, auf denen dann das ganze Gewicht architektonischer Selbstvergewisserung und stadträumlicher Präsenz lastete. In der Gesamtschau der Grundrisse des Schulbauprogramms ist dieses Zelebrieren und programmatische Aufladen der Diagonale eines der

Abb. 1 Henke Schreieck Architekten, Dr. Bruno
Kreisky-Schule, Wien, 1994–1996
Abb. 2 RLP Rüdiger Lainer + Partner, Neue Mittel-
schule Absberggasse, Wien, 1991–1994
Abb. 3–5 PPAG architects, Bildungscampus
Sonnwendviertel, Wien, 2014

Maik Novotny

Form und Freiheit

auffälligsten Charakteristika. Es wäre ein interessantes, aber rein spekulatives Gedanken-experiment, wie die Architekten jener Jahre mit einem Raumprogramm umgegangen wären, in dem es das Normklassenzimmer nicht mehr gibt.

Dies sollte schließlich mit dem Campusmodell eingelöst werden, welches tradierte Schulkonzepte geradezu atomisierte und neu zusammensetzte. Im Jahr 2011, sozusagen am Vorabend der Revolution des Schulbaus, resümierte Christian Kühn: „In Bezug auf das grundsätzliche räumliche Setting haben sich die Lehr- und Lernräume [...] seither nicht geändert. Es ist klar, dass das Standardmodell des Klassenzimmers aus Sicht der Planung viele Vorteile hat. Es gibt dem Schulgebäude eine klare Struktur, die aus Stammklassen, Sonderunterrichtsräumen, Verwaltung und Verkehrsflächen besteht. Wenn es heute eine Hoffnung gibt, dass die Versuche für eine radikale Erneuerung erfolgreicher sein werden als jene der 60er und 70er Jahre, liegt sie in anderen, wesentlich inklusiveren Planungs-prozessen. [...] Architektinnen und Architekten sollten davon Abstand nehmen, die ‚perfekte Lernumgebung' entwerfen zu wollen, sondern ihre Aufgabe eher darin sehen, ‚Infrastrukturen' zu schaffen, in denen sich gute Lernumgebungen entwickeln können."[14]

Das Campusmodell: Die Revolution des Fraktalen

Wie diese vernetzten Infrastrukturen zu architektonischer Form finden können, wurde fast zeitgleich evident. Im Februar 2011 wurden alle 102 Einreichungen des Wettbewerbs für den Bildungs-campus Hauptbahnhof (später Bildungscampus Sonnwendviertel) ausgestellt. Ein Datum, das das Scharnier zwischen den beiden konträren Programmen und Haltungen markiert. Vielen Beiträgen war der Versuch anzumerken, das Neue in die Hülle des Alten zu gießen, das heißt, zuerst eine aus dem städtischen Kontext entwi-ckelte Großform zu finden und dann das komplexe Anforderungs-profil in diese hineinzustopfen – mit entsprechenden Reibungs-verlusten. Das Siegerprojekt ging den entgegengesetzten Weg und entwickelte die Form und den Raum aus den diagnostizierten Freiheiten des Programms selbst.

Dieses Programm war damals knapp zwei Jahre alt. „Die Stadt setzt mit dem Wiener Campusmodell neue Standards im Bildungsbereich, die einzigartig in Österreich sind",[15] so der Wiener Stadtrat für Jugend, Bildung, Information und Sport, Christian Oxonitsch, bei der Präsentation des neuen, maßgeblich von der Stadtbaudirektion konzipierten Modells im April 2009. Als erste Standorte wurden damals Monte Laa, der Nordbahnhof und das Donaufeld Nord in Floridsdorf fixiert. Das Thema Archi-tektur wurde – in markantem Kontrast zum Schulbauprogramm 2000 – praktisch nicht erwähnt. In der Tat war die „alchemistische" Übertragung kultureller Bildung durch die Architektur selbst längst aus dem Diskurs verschwunden. Der innovative Impuls wurde nicht an die Architektenschaft delegiert, sondern die Verwaltung reklamierte ihn – nicht ganz zu Unrecht – für sich.

Neue pädagogische Paradigmen

Kern des Campusmodells ist die Vernetzung und räumliche Nähe der Bildungsinstitutionen Kindergarten, Volksschule, gemeinsame Sekundarstufe und Freizeitpädagogik im Sinne einer Bildungskontinuität. Grundlage dafür sind neue pädagogische und psychologische Erkenntnisse über das menschliche Lernen an sich, auch über das rein Schulische hinaus: Vernetztes Denken und eigenständiges und kooperatives Handeln sind Fähigkeiten, denen Gesellschaft und Arbeitsmarkt heute mehr Relevanz zumessen als dem Reproduzieren frontal vermittelten Wissens. Die architektonische Konsequenz sind unhierarchische, horizontale Raumgefüge aus überlappenden Bereichen, in denen die eindeutige Zonierung von Verkehrsflächen und Klassenräumen aufgehoben ist. Die „bewegte Lernlandschaft" wurde bereits Ende der 1990er Jahre in Dänemark entwickelt und umgesetzt; in den Niederlanden wurde mit den ersten vier „Vensterscholen" in Groningen 1996 die Kombination von Kindergarten, Schule, Betreuungsangeboten und öffentlichen Einrichtungen wie Bibliotheken erprobt, die dann im System der „Brede School" landesweit etabliert wurde.

Deutlich sind hier Analogien zu parallelen Veränderungen im Bürobau, wo der gestapelte Normgrundriss und seine Hierarchie einer freieren Landschaft mit Inseln und Zonen Platz gemacht hat, die die Fehler früherer Großraumbüros zu vermeiden suchte. Es ist kein Zufall, dass der Erste Campus in Wien (Henke Schreieck Architekten, 2008–2015) schon im Namen eine Verwandtschaft zum Schulprogramm aufweist.

Ein Raumprogramm im gewohnten Sinne – das war schon bei den ersten Bildungscampus-Wettbewerben evident – kann diese pädagogischen Leitbilder nicht mehr adäquat abbilden, da eine eindeutige Zuordnung von Räumen gar nicht mehr angestrebt wurde. „Neue Anforderungen brauchen andere und nicht nur zusätzliche Räume. Wir müssen von der monofunktionalen Zuweisung zu einer Mehrfachnutzbarkeit kommen. Räume müssen über den Tag hinweg für unterschiedliche Nutzungen zur Verfügung stehen, ohne dass dies zu atmosphäre- und gesichtslosen Räumen führt. [...] Gleichzeitig braucht es Räume für Rückzug und überschaubare Einheiten, die Identifikation ermöglichen."[16]

Das heißt, der Faktor Zeit hielt Einzug in den Schulbau und verlangte räumliche Offenheit und schnelle Adaptierbarkeit (und das mehrmals täglich), die über das Umarrangieren von Tischen und Stühlen weit hinausging. Der Raum wird quasi in Kleinsteinheiten fraktalisiert, die dann wieder zu Clustern zusammengefasst werden. Begriffe wie „Biber" (Bildungsbereich) und „Mufu" (Multifunktionsflächen) zielen darauf ab, diese neuen Einheiten in griffige Form zu bringen.

Das 2013 eingeführte Konzept „Campus plus" verknüpft Kindergarten und Schule zu Bildungsbereichen, indem jeweils zwei Kindergartengruppen und vier Schulklassen zu einer neuen Raumeinheit zusammengefasst werden. Damit wird der tradierte Begriff „Schule" zwar nicht obsolet, aber doch offen an den Rändern: „In vielen Fällen ist ‚Schule' nicht mehr der korrekte Ausdruck, da das Wiener Campusmodell eine ganztägige Betreuung in Kindergarten, Volksschule und Unterstufe unter einem Dach vorsieht."[17]

Der Campus und die Stadt

Eine Art Übergangsform stellt der erste Schulcampus überhaupt dar, der Campus Gertrude Fröhlich-Sandner im Nordbahnviertel (Kaufmann Wanas Architekten, 2008–2010). Auf den ersten Blick

„In vielen Fällen ist ‚Schule' nicht mehr der korrekte Ausdruck, da das Wiener Campusmodell eine ganztägige Betreuung in Kindergarten, Volksschule und Unterstufe unter einem Dach vorsieht."

Franziska Leeb

wäre er wohl auch in den 1990er Jahren nicht als revolutionäre Neuerung des Bildungssystems aufgefasst worden, weder in seiner inneren Organisationstruktur, noch in seiner Kubatur und erst recht nicht in seiner Fassadengestaltung. Der grundlegende Fehler ist seine Positionierung als öffentlicher Sonderbaustein: Zwar ist der Rudolf-Bednar-Park als eindeutiges Quartierszentrum hierfür der richtige Ort, doch besetzt das langgezogene Schulareal eine komplette Seite des Parks und trennt somit die Wohnbauten dahinter, die die eigentliche Platzfront bilden, vom Park ab. Auch der Campus selbst bleibt zum Straßenraum hin unverbindlich und zum Park hin unentschlossen, mehr Stadtbarriere als Stadtbaustein.

Für eine objektive Analyse des Campusmodells seit 2010 fehlt noch die zeitliche Distanz, doch sind hier – analog zum Schulbauprogramm 2000 – verschiedene typologische Ansätze erkennbar, was die Positionierung im Stadtraum betrifft. Mit dem Vorbehalt der Frühdiagnose sind dies der systemisch-strukturalistische Ansatz, das flexible Raster in klarem Rahmen und der offenlandschaftliche Ansatz.

Grenzenlose Selbstreferenz: Die Neostrukturalisten

Zu den „Neostrukturalisten" ist zweifellos der Bildungscampus Sonnwendviertel von PPAG architects (2011–2014) zu zählen, denn er stellt die konsequente, fast buchstäbliche Verräumlichung des neuen Campus-Systems dar. „Die Grenzen zwischen Klassen und Schultypen, zwischen innen und außen werden aufgelöst. Bildungsräume, Projekträume und Lehrerräume sind als Cluster um sogenannte Marktplätze organisiert. Sie verfügen über gesonderte Zugänge zum Stadtraum und münden in einen zentralen, gemeinsam genutzten Kern. […] Die Außenfassade des Bildungscampus bildet die Innenfassade des Freiraums. Dies führt dazu, dass sich ein alles umlaufender Freiraum bildet […]."[18]

Das heißt: Das Gebäude wird in seinem Bezug zum Stadtraum sozusagen umgestülpt. Die Klassenräume sind nicht in erster Linie durch eine sukzessive Raumfolge von einem repräsentativen Haupteingang aus erschlossen, der das „Portal" zur Stadt markiert, sondern haben ihren jeweils eigenen Zugang und Außenbezug zum Stadtraum. Alles ist Rückseite und Vorderseite zugleich. Anstatt eines Baukörpers, der (wie im Schulbauprogramm 2000) aus rein baukünstlerischen oder städtebaulichen Gesichtspunkten geformt wird, kommt es zu einer Zersplitterung und einer damit verbundenen Maximierung der Oberfläche im Verhältnis zum Volumen. So wird der Verlust einer markanten, eindeutig lesbaren Präsenz im Stadtraum ausgeglichen durch eine kleinmaßstäbliche räumliche Verflechtung von Schule und Stadt: Der Schulhof ist keine von der Straße abgewandte Schutzzone mehr, sondern eine Fortsetzung des Stadtraums.

Der Bildungscampus Berresgasse (PSLA Architekten, 2015–2019), der zweite realisierte „Campus plus", zeigt zum Bildungscampus Sonnwendgasse deutliche Parallelen (was nicht verwunderlich ist, da die Architekten damals noch als Partner bei PPAG agierten), allerdings wird auf eine deutlichere stadträumliche Präsenz abgezielt, zumal hier der Auftakt eines der größten Stadtentwicklungsgebiete der 2020er Jahre errichtet wurde.

Die gerasterte Orthogonalität wird dabei nur noch im Erdgeschoss beibehalten, in den Obergeschossen weicht sie einer polygonalen Grundstruktur, die sowohl im Inneren als auch zum Außenraum hin abwechslungsreiche Bezüge herstellt. Auch hier resultiert die Gesamtform aus einem gewissen Selbstbezug, nämlich aus den Cluster-Einheiten des Programms, und wuchert von innen heraus in den Stadtraum, was dem Volumen eine gewisse Gebirgshaftigkeit verleiht, die jedoch durch angedeutete Höfe nach allen Seiten eine Zugänglichkeit vermittelt und nicht hermetisch bleibt. Das rhizomatische Netzwerk in der Binnenstruktur mit seiner Vielfalt einander gleichgestellter Bezüge kann durchaus auch als Interpretation und Statement eines grundsätzlich „städtischen" Charakters gelesen werden, die Grenzen zwischen Schulbau und Umfeld sind somit ebenso in Auflösung begriffen wie die Grenzen der Lerneinheiten.

Der Campus Christine Nöstlinger am Nordbahnhof (Klammer*Zeleny Architekten, 2019–2020) repliziert den Campus Berresgasse bis hin zur ähnlichen Fassadengestaltung und interagiert in ähnlicher Art mit dem Stadtraum. Auch hier fungieren die Schulhöfe zugleich als städtische Plätze. „Der Vorplatz des Campus dient dabei nicht ausschließlich als Erschließungsbereich, sondern auch dem Quartier als öffentlich nutzbares Feld. Durch den dreiarmig strukturierten Baukörper (‚die Campus Blume') wird dieser für Kinder überschaubar und stellt trotz seiner Dimension einen städtebaulichen Mehrwert dar."[19]

Man kann dies im Kontext der recht klaren Blockstruktur des Nordbahnviertels als willkommene stadträumliche Abwechslung sehen, die sich durch den Sonderbaustein „Campus" legitimiert, oder die räumliche „Zerfaserung" an dieser Schlüsselstelle als Verunklärung beurteilen. Die Praxis wird zeigen, wie die öffentlich-halböffentlichen Räume tatsächlich genutzt werden und wie sich der Baustein ins Umfeld integriert.

Einfache Komplexität: Raster und Rahmen

Die Campus-Bauten der Typologie „flexibles Raster in klarem Rahmen" setzen sich mit dem Stadtraum auf gegensätzliche Weise auseinander. Sie tragen ihre innere Komplexität nicht dreidimensional nach außen, sondern bleiben zurückhaltend. Der Bildungscampus Friedrich Fexer in der Attemsgasse in Wien-Kagran (querkraft architekten, 2014–2017), der erste „Campus Plus", ist von einer robust-freundlichen Neutralität. Das umlaufende, drei Meter tiefe Stahlbetongerüst stellt die Offenheit innerhalb des Rasters nach außen zur Stadt aus, und auch in der Nutzung als „Ereigniszone" ist es dezidiert Teil des Bildungsangebots. Gleichzeitig fungiert es als klar formulierte Straßenkante parallel zur Attemsgasse. Die simple Zonierung der Freiflächen in ein „Davor" und ein „Dahinter" aus Sicht des öffentlichen Raums wird durch diese regalartig angeordneten Spielbereiche relativiert.

„Im Inneren setzt sich die Idee des variantenreich nutzbaren Regals fort. Die Ebenen wurden als Plattformen gesehen, auf denen innerhalb des Konstruktionsrasters die Räume nach dem Prinzip eines Hauses im Haus verteilt sind. Die Entscheidung gegen einen zentralen ‚Marktplatz' für alle und für ein Gewirk an frei bespielbaren Bereichen sorgt für abwechslungsreiche Möglichkeiten der Nutzung."[20] Das im Grunde einfache System, Räume durch verteilte „Boxen" in einem ansonsten offenen Geschoss zu bilden, erinnert an heutige Open-Office-Systeme, ein anderer Faktor war jedoch sicher auch, dass der Campus Attemsgasse als Public-Private-Partnership (PPP) umgesetzt wurde und die Architekten durch die Wahl eines einfachen, robusten Systems ein Scheitern der Idee im Detail bei der Ausführung durch andere Planer frühzeitig zu verhindern suchten.

Weite Felder: Urbane Lern-Landschaften

Die Umsetzung unhierarchischer Lernlandschaften in eine „quasi-landschaftliche" Architektur ist – unabhängig vom Campusmodell – insbesondere in den zahlreichen Schulbauten von fasch&fuchs Architekten zu konstatieren, sowohl in den Bezügen zur jeweiligen Umgebung, die mal topografisch, mal panoramatisch in der Schule selbst aufgegriffen wird, als auch im Raumgefüge selbst. Zwar mussten sich die Architekten im Wettbewerb für den Bildungscampus Seestadt noch mit dem vierten Platz begnügen, doch konnten sie den Entwurf mit Abwandlungen bei der Bundesschule Aspern direkt daneben realisieren und wurden 2019 dafür auf die Shortlist des Mies van der Rohe Award der Europäischen Union gesetzt. Angesichts der biografischen Bezüge zu Helmut Richter drängen sich hier Vergleiche mit dessen Schule am Kinkplatz auf, unterm Strich überwiegen jedoch die Unterschiede: Trotz ähnlicher Transparenz gelingt fasch&fuchs eine größere Bandbreite zwischen intimen und offenen Räumen anstelle einer vollverglasten Auflösung.

Sowohl die Bundesschule Aspern als auch der Campus Seestadt Aspern (Zinterl Architekten, 2011–2015) verzichten darauf, dem Hannah-Arendt-Park, der als Gegenüber für die Wohnbauten fungiert, einen „städtischen" Abschluss im Süden und Osten zu geben, stattdessen sind sie als Fortsetzung des Parks mit anderen Mitteln zu interpretieren, was durch Freitreppen und sanft abgestufte Terrassen in beiden Fällen noch verstärkt wird. Die Schule als verdichtetes transdanubisches Flachland in einer Seestadt, die ansonsten die cisdanubische Verdichtung durchexerziert.

Der Bildungscampus Gasometerumfeld an der Rappachgasse (POS Architekten, Wettbewerb 2019, Fertigstellung 2023) nimmt noch expliziter Bezug auf landschaftlich-topografische Elemente. In einem konfusen Umfeld voller harter Brüche zwischen Industrie, Infrastruktur und isolierten Wohn-Inseln strebt er mit dem Rückgriff auf die Wasserläufe und Uferterrassen der Donau als sanfte Heilung des zerfurchten Ostrands der Stadt und als passende Metapher für eine freundliche Lernumgebung eine Wieder-Verlandschaftlichung an. „Wie ein Schiff liegt der flache Baukörper im ehemaligen Auwald. Breite begrünte ‚Landungsbrücken' verbinden es mit der bewaldeten ‚Uferzone'. Die Kammtypologie schafft geschützte Außenräume und ein Verzahnen von Grünraum und Gebäude. Die geringe Geschossigkeit des Baukörpers entspricht dem kleinkindlichen Maßstab und einer möglichst geringen Lärmexpositur."[21] Eine Haltung, die ohne weiteres auch im Schulbauprogramm 2000 mit dessen Schulbauten, die zwischen dem wachsenden Stadtrand und der Landschaft vermitteln, angesiedelt sein könnte.

Form und Freiheit – Form oder Freiheit?

Angesichts dieser drei provisorisch konstatierten Ansätze liegt der Schluss nahe, dass dem Campusmodell ebenso wenig eine klare Linie in Bezug auf die Interaktion von Schule und Stadt zugrunde liegt wie dem Schulbauprogramm 2000 eine Generation zuvor, auch wenn beide Programme sich selbst als wesentliches Element einer wachsenden Stadt und einer jeweils „neuen" Gründerzeit sahen. Dem Campusmodell ist eine gewisse Selbstbezogenheit sowohl im Namen als auch im Raumprogramm immanent; hier war die räumliche Lösung komplexer Querbezüge und Mehrfachnutzungen eine aufwendige wie auch reizvolle, weil neue Aufgabe für die beteiligten Architekten, wogegen jene der städtebaulichen Positionierung eindeutig sekundär war. Bezüge zu den Universitäts-Campussen der Spätmoderne mit ihrer mathematisch-fraktalen oder aber assoziativ-landschaftlichen Selbstreproduktion auf grüner Wiese sind nicht von der Hand zu weisen.

Ist das Campusmodell inmitten von alten oder neuen Blockrandbebauungen also fehl am Platz? Ist es womöglich anti-urban? Oder ist seine strukturelle Offenheit ein Freiheitsversprechen, eine Chance, die „Sprengung" des veralteten Normklassenzimmers in die Stadtgesellschaft zu transportieren? Denn in ihrem pädagogischen Potenzial sind die heutigen Schulbauten den damaligen zweifellos weit voraus, allerdings stellt das Campusmodell, das per se mehr ist als eine Schule, schon aufgrund seiner Größe andere Anforderungen als das Schulbauprogramm der 1990er Jahre (die damals größte Schule, die Volks- und Hauptschule Swietelskygasse von Henke Schreieck Architekten, war für 750 Kinder konzipiert, der Bildungscampus Attemsgasse ist für 800 und die Bildungscampusse Sonnwendviertel und Berresgasse sind für je 1100 Kinder ausgelegt). Ein direkter Vergleich von Qualitäten ist daher nur schwer zu bewerkstelligen. Damals wie heute ist man von der Rolle der Architektur als „drittem Pädagogen" überzeugt, wobei gesondert zu untersuchen wäre, ob der Anspruch des Schulbauprogramms 2000, durch „tägliche, zum Teil unterbewusste Auseinandersetzung mit der eigenen Schule quasi eine sanfte Einführung in die Architektur" stattfinden zu lassen, eingelöst wurde.

Eine Freiheit, die die Form generiert, oder eine Form, die die Freiheit suggeriert: Wem man hier die Präferenz erteilt, hängt auch davon ab, welches Bild der Stadt man favorisiert. Jenes eines offenen, selbstlernenden Systems oder jenes, das mit den Mitteln der Stadtbaukunst Inhalte kommuniziert. Trostreich für beide Seiten ist die Tatsache, dass in Wien zumindest einmal pro Architektengeneration die Erkenntnis aufflammt: „Schulbau ist eine der aktuellsten und schönsten Aufgaben der Gegenwartsarchitektur."[22]

1 Hannes Swoboda, in: *Das neue Schulhaus: Schüler-universum und Stadtpartikel. Das Schulbauprogramm 2000 der Stadt Wien. Eine erste Bilanz 1990–96*, hg. v. Stadtplanung Wien, Wien 1996.

2 Swoboda, ebd.

3 Walter M. Chramosta, ebd.

4 Ebd.

5 Ebd.

6 Ebd.

7 Ebd.

8 *Neue Zürcher Zeitung*, Mai 1996.

9 Siehe z. B. Georg Baldass, in: *Das neue Schulhaus*, 1996 (wie Anm. 1).

10 Leopold Dungl in: *Kurier*, 1.4.1996.

11 Caroline Jäger-Klein, in: *Schulbau in Österreich 1996–2011*, hg. v. ÖISS im Auftrag des BMUKK, Wien 2012.

12 Sabine Plakolm-Forsthuber, ebd.

13 Josef Watschinger/Josef Kühebacher: *Schularchitektur und neue Lernkultur*, Bern 2007.

14 Christian Kühn, in: *Schulbau in Österreich*, 2012 (wie Anm. 11).

15 Stadtrat Christian Oxonitsch am 7.4.2009 (OTS-Pressemeldung).

16 Barbara Pampe: „Plädoyer für einen neuen Schulbau", in: *Von der neuen Schule*, Ausst.-Kat., hg. v. PPAG architects, 2018.

17 Franziska Leeb: „Das Wiener Campusmodell: Bildung aus dem Regal", in: *Die Presse/Spectrum*, 28.7.2018.

18 Projektbeschreibung PPAG Architects, Wettbewerbsverfahren, 2011.

19 Projektbeschreibung Klammer*Zeleny Architekten, klammerzeleny.at, (3.8.2020).

20 Leeb, 28. 7. 2018 (wie Anm. 17).

21 Projektbeschreibung POS Architekten, Wettbewerbsverfahren, 2019.

22 Alfred Roth: *Das neue Schulhaus/The New School/La Nouvelle Ecole*, Zürich 1950.

Gabriele Kaiser

„Und draußen, wo es keine Regeln gibt, bin ich am liebsten"

Die kleine und die große Pause

Die Zeit zwischen zwei Unterrichtseinheiten hat für Schülerinnen und Schüler aller Altersgruppen besondere Bedeutung, ist sie doch naturgemäß oft interessanter als der Unterricht. Im Unterschied zur Pause im lexikalischen Sinn als „zeitlich begrenzte Unterbrechung eines Vorgangs" ist in der Schule die Pause kein Moment des Innehaltens und Aussetzens, sondern ein vielstimmiges Intervall – vielleicht das eigentlich bewegende Geschehen an einem Ort, an dem Erfahrungen „fürs Leben" gesammelt werden. Dieser Aktionsdrang unterscheidet die Schulpause wesentlich von anderen Pausen, z.B. der Theater- oder Konzertpause, die ja hinter den Kulissen ganz andere pragmatische Zwecke erfüllt (Szenenumbau usw.) und die das Publikum im Foyer oft lediglich zur zeitüberbrückenden Konsumation und zum Herumstehen animiert.

In einer Schulpause hingegen kann es richtig rundgehen, zum Leidwesen der Aufsichtspersonen oder auch von Anrainern, die für ihr Lebensumfeld Ungestörtheit beanspruchen. Andere wiederum schätzen die polyphone Klangkulisse aus Kinderstimmen und Sportgeräten als selbstverständlichen Hintergrund eines städtischen Alltags, zumal die Toleranz vom verlässlichen Korsett eines schulischen Stundenplans gestützt wird; früher oder später kehrt wieder Ruhe ein.

Im Rhythmus der Pausen haben sich unterschiedliche Aktivitätsmuster eingespielt. Während die „Kleine Pause" mit einer Dauer von etwa fünf Minuten oft lediglich dazu dient, das Klassenzimmer zu lüften oder den Unterrichtsraum zu wechseln, lässt die „Große Pause" mit einer Länge von etwa 15–20 Minuten schon mehr Spielraum als nur das Pausenbrot zu verzehren und sich im Freundeskreis kurz im Hof zu tummeln (sofern es einen solchen Hof gibt).[1]

Nicht zufällig spielen Aula und Schulhof als Kontrapunkt zu den Unterrichtsräumen in der Entwicklung des Schulbaus eine wichtige Rolle. Im Idealfall bewahrt der Pausenbereich innerhalb der auf Schutz und Sicherheit bedachten Schulordnung seine Aura der Regellosigkeit und Freiheit. Denn die Pause will als Freiraum verstanden und genutzt werden, als Raum „außerhalb" des Unterrichts und dessen streng oder locker geführter Pädagogik. Die Kindergartenkonzepte von Margarete Schütte-Lihotzky, die Freiklassenschule von Wilhelm Schütte, die Wohnraumschule der arbeitsgruppe 4 oder die Hallenschulen von Viktor Hufnagl setzten für die Reformierung des Bildungsbaus wichtige Impulse in Österreich. Auch weniger prominente Schulbauten aus den 1960er und 1970er Jahren zelebrierten den Pausenhof als räumliches Herzstück – exemplarisch seien hier die Großschulen in Wien von Emmerich Donau und Wilhelm Hubatsch genannt, die sich mit arenahaft abgesenkten Pausenhöfen und Freitreppen mit Sitzstufen sowie einem Kranz von Klassenräumen darum bemühten, die offene Mitte der Schule zu beleben.

Viele dieser Ansätze blieben lange Zeit ohne Resonanz. Warum eigentlich? Es ist noch zu erforschen, woran die Reformbemühungen des Schulbaus der 1960er und 1970er Jahre in Österreich gescheitert sind.[2]

Ob nun Aula oder Pausenhof – bei den großen Freiräumen steht das reglementierte Maß an Bewegung im Vordergrund, denn „hohe Intensitäten produzieren verschwitzte Schüler", wie es in einer Studie zur „Bewegten Schule" lapidar heißt.[3] Im schulischen Zusammenhang wird das Austoben gern in die überschaubare Bahn des Sportausübens gelenkt, was nicht selten zur Folge hat, dass die reizvolle Unbestimmtheit einer Pause auf der Strecke bleibt.

Dabei ist es ja gerade diese Unbestimmtheit, die die Unterbrechung des geregelten Geschehens in einer Schule auszeichnet und die sich durch räumliche Leerstellen vielleicht sogar stärker befördern lässt als durch überdeterminierte Freizeitangebote. Eine im Herbst 2020 durchgeführte Befragung unter Architekturstudierenden der Kunstuniversität Linz[4] über ihre unterschiedlichen Pausen-Erfahrungen während ihrer Schulzeit (von der Grundschule bis zur Matura) lässt eher den Schluss zu, dass gerade die Selbstaneignung von Räumen das Pausengeschehen positiv stimulierte.

Einige der Studierenden gaben an, Schulen besucht zu haben, die über keine expliziten Pausenflächen verfügten, aber doch über brauchbare Leerstellen – sei es in Form eines überbreiten Gangs, eines Halbstocks oder irgendeines Restraums, der mit keinen bestimmten Funktionen belegt war. So erinnert sich etwa Arnold K. an angenehme Pausen in den Gängen einer Gründerzeitschule, die mit ihren hohen Gewölben und Pfeilern eine besondere Atmosphäre vermittelt habe. Marco T. berichtet, seine Pausen vor allem im Freien, am Raucherplatz der Schule verbracht zu haben, der unwirtlich und für die Öffentlichkeit nicht einsehbar hinter dem Altbau seiner Schule platziert war. Die große, aber kaum möblierte Aula wurde gemieden, selbst die dort erstandenen Pausensnacks habe man lieber im Klassenzimmer verzehrt. Überhaupt scheint das Klassenzimmer sehr häufig auch als Pausenraum fungiert zu haben, zumal es sich für wenige Minuten kaum gelohnt habe, den nicht in unmittelbarer Nähe liegenden Pausenhof oder Pausenraum aufzusuchen. „Vor unserem Klassenzimmer in der HTL gab es ein Sofa, ein Ort des Treffens mit den Parallelklassen", erinnert sich Emanuel W., der ansonsten den räumlichen Pausenangeboten seiner Schulen kein positives Zeugnis ausstellt. Magda K. hingegen hat die beiden Jahre an einer Montessori-Schule, die über eine große Spielwiese verfügte,

Im Idealfall bewahrt
der Pausenbereich
innerhalb der auf
Schutz und Sicherheit
bedachten
Schulordnung seine
Aura der Regellosigkeit
und Freiheit.

Gabriele Kaiser

in bester Erinnerung. Sie hebt vor allem die individuelle Förderung durch die Pädagoginnen hervor, die auch in den Pausenzeiten die Wahlfreiheit ließen, ob man sich in der Gruppe oder doch lieber allein beschäftigen wolle.

Generell spielt der nicht eindeutig festgelegte Aktivitätslevel einer Pause in den Erinnerungen der Befragten eine zentrale Rolle. Für Christoph E. etwa war die Pause ein „Ruhepol in der stressigen Wissensvermittlung". Während sich die einen in den Gängen trafen oder herumliefen, sofern die „immer herumschwirrende Pausenaufsicht" dies zuließ, blieben andere lieber gleich auf dem Platz in der Klasse sitzen, da es ja prinzipiell galt, „sich ruhig zu verhalten und keinen Unsinn" anzustellen. Für einzelne war die Pausenzeit nicht zwingend positiv besetzt, sondern mitunter auch eine „Zeit des Versteckens und Unsichtbarwerdens".

Das Pausengeschehen ist durch vielfältig motivierte Impulse des Rückzugs, der sozialen Interaktion und des Stressabbaus bestimmt. „Andere beobachten und vielleicht selbst aktiv werden im Raum", beschreibt Anna H. ihr durchlebtes Pausen-Spektrum drinnen und draußen: „Sitzen, rennen, reden, am Sportplatz spielen, im Gras, bei Regen in der Aula, versteckt in den Fluren lernen, in der Schlange vor den Klos, vor der Tür des Lehrerinnenzimmers stehen." Die düsteren Treppen und die durch dunkle Fliesen erdrückend wirkende Aula sei gemieden worden, am schönsten sei es daher in den Gängen gewesen. Ein ähnliches Resümee zieht Lisa A., die sich gern in den Gängen aufgehalten hat, die ihr damals „riesenhaft" erschienen waren und die mit einem schallschluckenden grünen Teppichboden ausgelegt waren. Überall lagen und standen hier Jonglierbälle und Holzstelzen zum Üben bereit (und auf den Teppich sei man weich gefallen). Christoph E. erinnert sich ebenfalls an spieltaugliche Gänge, aber noch interessanter waren die „prächtigen Stiegen". Für ihn seien sie „Portale zu anderen Welten" gewesen, zumal die Jahrgänge nach Stockwerken geordnet waren (mit den Ältesten ganz oben). „Man wächst sozusagen hinein in das Stiegengeflecht der Jahrgänge", aber für eine Durchmischung sei diese Schichtung nicht unbedingt förderlich gewesen.

Wiederholt klingt in den Pausen-Erinnerungen auch der Reiz des Verbotenen an, die Lust, Grenzen auszuloten und zu überschreiten. Die Rede ist von Zäunen und verschlossenen Türen, vom Gang in den Keller und von der Frage, ob nicht doch irgendwo ein Fenster offensteht? Hier blitzt andeutungsweise die oft kritisierte Hermetik und Inselhaftigkeit von Schulgebäuden auf, die mit der Umgebung allenfalls in reglementierter Form korrespondieren. „Das Verlassen des Schulgebäudes war während der kleinen Pause nicht gestattet", erinnert sich Daniel S. Von der Schülerausspeisung in der großen Pause sei vor allem das Gedränge und die „erbärmliche Akustik" zu erwähnen, sodass man es kaum erwarten konnte, endlich nach draußen zu kommen. Die Freiräume rund um die ländliche Hauptschule, die er damals besuchte, seien ohnehin viel wertvoller gewesen als jeglicher Raum, den ein Gebäude hätte bieten können. Und auch Anna H. hielt sich am liebsten draußen auf, „wo es keine Regeln gibt". In anderen Schulen fehlte einfach das Raumangebot: Özlem D. verbrachte einen Teil seiner Schullaufbahn in Gebäuden, in denen es keine definierten Pausenflächen gab. „Der Pausenraum, den ich mir angeeignet hatte, war die Straße vor der Schule." Erst später seien in den langen Gängen Tische und Stühle aufgestellt worden, an denen man essen, lernen und sich unterhalten konnte.

Das Erinnerungs-Mosaik der hier kursorisch wiedergegebenen Pausenerfahrungen zeichnet vom Zustand der Schulen ein durchmischtes, nicht allzu progressives Bild –, ähnliche Erfahrungen könnten schon die Eltern und Großeltern gemacht haben. Von den neuen Standards im Bildungsbau, die sich seit einigen Jahren international abzeichnen und durch die der traditionelle Typus von Klassenzimmer und Gang sukzessive von nutzungshybriden Clustern abgelöst wird, werden erst kommende Generation profitieren.

Die skizzierten Pausen-Erinnerungen verdeutlichen jedoch, dass es in den kommenden Jahren vor allem darauf ankommen wird, auch architektonisch weniger ambitionierte Bestandsbauten umzurüsten und in differenzierte Bildungseinrichtungen zu verwandeln, in denen Gruppenarbeit, Rückzug, individuelle Konzentration und „Austoben" gleichberechtigt koexistieren können. Die pädagogischen Reformen, der Trend zur Ganztagsbetreuung und nicht zuletzt die Krisenerfahrungen durch eine Pandemie haben erneut gezeigt, dass offene Raumstrukturen mit nicht eindeutig belegten Funktionen auch die robustesten und anpassungsfähigsten sind.

Dass räumliche Aneignungsprozesse gefördert oder gehemmt werden können, aber auch improvisiert gelingen, geht aus den Wortmeldungen deutlich hervor. Auch scheinbar Nebensächliches kann stimulieren und „ermuntern", wie zahlreiche Beispiele aus der Architekturgeschichte zeigen. So sind etwa im Boden des Städtischen Waisenhauses in Amsterdam von Aldo van Eyck (1955–1960) Steine und kleine Spiegelchen eingelassen, da Beton, Ziegel und weiße Oberflächen nicht glitzern – „etwas Glitzerndes aber immer da sein sollte".[5] Bleibt die Frage, ob sich mit dem Verschwinden des klassischen Frontalunterrichts und der Auflösung der Dichotomie von Klasse und Gang auch der Charakter von Pausen ändern wird. Wird sich auch die Pause noch mehr individualisieren? Wird sie ihren Zauber verlieren? Dann würde sie jedenfalls auch den Nebeneffekt einbüßen, viel zu schnell vorbei zu sein.

Momentaufnahme aus einem ÖGFA-Vortrag von
Tony Fretton am 29. November 2019 in der Villa Beer

1 Das Schulzeitgesetz gibt einen Rahmen vor, wie der
Schultag gestaltet werden kann. So ist in § 3 und 4 fest-
gehalten, dass eine Unterrichtsstunde 50 Minuten
dauert und zwischen den einzelnen Unterrichtsstunden
eine Pause von mindestens 5 Minuten einzuplanen ist.

2 Auf dieses Forschungsdesiderat weist Christian Kühn
hin. Vgl. seinen Essay „Räume, die bilden", in: ARCH,
Heft 1, Zürich–Wien 2020, 6–11: 11.

3 https://www.bewegte-schule-und-kita.de (4.9.2020).

4 Studierende der Architektur an der Kunstuniversität
Linz haben im Rahmen einer Lehrveranstaltung im WS
2020 mit der Verfasserin ihre Pausen-Erfahrungen geteilt.
Dank an: Lisa Ackerl, Özlem Demir, Christoph Elmecker,
Anna Hochmuth, Arnold Kovats, Magda Kremsreiter,
Daniel Schöngruber, Marco Thaller, Emanuel W. sowie
weiteren, die ungenannt bleiben möchten.

5 Aldo van Eyck, Versuch die Medizin der Reziprozität
darzustellen (1961), in: Aldo van Eyck: Werke, Basel–
Boston–Berlin 1999, 89.

„Und draußen, wo es keine Regeln gibt, bin ich am liebsten"

Ulrich Huhs

Bildungsweg und Raumwahrnehmung

Eine biografisch inspirierte Skizze

Bildungsbauten sind ein Spiegel der Entwicklungen der Pädagogik, der gesellschaftlichen Rahmenbedingungen sowie architektonischer und städtebaulicher Leitmotive des jeweiligen zeitlichen Kontextes.[1] Die Wechselbeziehung aus pädagogisch und administrativ geprägten Programmen und deren räumlich-funktionale Umsetzung generiert Typologien, die – wenn sie wegweisende Lösungen repräsentieren – in Wellen wiederkehren. Die typologischen Organisationsformen werden adaptiert und in Einklang mit den aktuellen, pädagogikbasierten Raum-Funktionsprogrammen gebracht. Die Frage ist, welche Bilder von Bildungsbauten prägen die administrative Ebene bei der Erstellung der Raumprogramme und die Planer*innen beim Entwurf?

Paradigma des Fortschrittes im Bildungsbau

Die Profession Architektur wird neben anderem geprägt durch die in der Lehre und Forschung vermittelten Bildungsbauikonen, die neue Ansätze darstellen. Ein architekturgeschichtlich gespannter Bogen zeigt die Leitbilder schulischer Organisationsformen von der Gangschule des 19. Jahrhunderts in Form von linearen Anordnungen, U- und E-Typen, zu den multiplen Transformationen im 20. Jahrhundert, die Kammschule, die Pavillonschule, die Freiluftklassenschule[2], der Schulteppich[3], die Atriumschule[4], die Gartenhofschule[5], die Hallenschule[6], die Forumsschule, die Schule als Stadt[7], das hybride Schulhaus, die Clusterschule[8] und die offene Lernlandschaft[9]. Das auf eine historische Zeitachse bezogene Ordnungssystem der Bildungsbauten zeigt die Entwicklungen und Tendenzen auf internationaler Ebene sowie die lokal verorteten Adaptionen und Realisierungen, die den Einfluss der jeweiligen administrativ-rechtlichen Rahmenbedingungen inhärent abbilden. Im Geist der Moderne suggeriert diese zeitgeschichtliche Einteilung in Vergangenheit und Zukunft einen kontinuierlichen Fortschritt im Bildungsbau. Die gefundenen Typen existieren, einmal prototypisch entwickelt, in der entwerferischen Rezeption und Transformation sowie auch in der fortwährenden, konkreten Nutzung parallel weiter. Das Paradigma des Fortschritts im Bildungsbau wird mit dem Faktor Zeit auf die Probe gestellt. Wenn die nächste pädagogische und bildungspolitische Weichenstellung erreicht ist, ist der gefundene Typus dann veraltet und für die zukünftigen Bildungszwecke ungeeignet? Haben die Schüler*innen sowie die Pädagog*innen, die ein altes Schulhaus nutzen müssen, einen Bildungsnachteil? Anders formuliert: Haben die Bildungsräume einen signifikanten Anteil an der Bildung der Lernenden oder wird die Architektur in diesem Kontext in ihrer Bedeutung überhöht?

Der kontinuierliche Wandel der pädagogischen Ansätze bedingt eine sich kontinuierlich ändernde Programmierung funktionaler Beziehungen und Raumanforderungen. Die physische Manifestation von Gebautem mit seinen langlebigen Zyklen steht in einem Widerspruch zum fortwährenden, sich beschleunigenden Wandel der Bildungsziele. Die Frage ist, wenn funktionale Gebäudestrukturen eine Momentaufnahme von gesellschaftlichen Verfassungen und deren Bildungszielen darstellen, welche Parameter kann die Architektur als Raumprofession in die Bildungslandschaft einbringen?

Schul- und Bildungsraumerfahrungen der Architekt*innen

Der Blick der Profession wird neben den rezipierten Ikonen durch die persönlichen Schul- und Bildungsraumerfahrungen der Architekt*innen geprägt. Die persönliche *Grand Tour*[10] der Raumwahrnehmung jeder Architektin und jedes Architekten beginnt mit dem Weg zum Kindergarten respektive zur Schule. Louis Sullivan hat dies in den *Kindergarten Chats and Other Writings*[11] beschrieben.

Welche urbanen, suburbanen oder ländlichen Räume prägen sich am Weg bewusst und unbewusst ein, welche Innen- und Außenräume der Schule werden erinnert wahrgenommen? Die Reflexion persönlicher Erfahrung ist im Kontext der heutigen Parallelität virtueller und analoger Räume sowie der Bildmächtigkeit der digitalen Welt eine essenzielle Voraussetzung für die Entwicklung und das Entwerfen von identitätsstiftenden und nachhaltigen Bildungsstätten. Diese kontinuierliche Schulung der Raumwahrnehmung ist ein wesentlicher Baustein zur Erlangung architektonischer Kompetenz. Der konkrete Raum ist das prägende Umfeld der Lernenden, der Hintergrund ihres sozialen und inhaltlichen Austausches. Die Bewusstwerdung der persönlich erfahrenen Bildungsräume in all ihren Stärken, Schwächen, Unsichtbarkeiten kann ein Fundament für Entwurfsentscheidungen legen, die über die funktional-organisatorischen Fragen hinausgehen. Gibt es erinnerte Raumerfahrungen und wenn ja, welche? Welchen Stellenwert haben diese im Bildungskontext?

Die heutige
gesellschaftliche
Realität spricht
in ihrer Pluralität,
Diversität,
Vielschichtigkeit
und der daraus
resultierenden
wachsenden
Unübersichtlichkeit
eine neue Sprache,
die wir erst beginnen
zu erlernen.

Eine biografisch inspirierte Skizze

Im Folgenden werde ich anhand von Bildungsbauten am persönlichen Bildungsweg erläutern, wie die oben beschriebene Selbstreflexion zur Raumwahrnehmung beispielhaft aussehen kann. Keines der nachfolgend beschriebenen Gebäude stellt relevante Architektur im Sinne der Architekturrezeption dar. Anhand von drei räumlichen Themen am Bildungsweg wird vergleichend beschrieben, welche architektonisch räumlichen Erinnerungen sich eingeprägt haben und in Bezug zum Bildungsbautendiskurs stehen: Schulweg und Stadtraum / Raumerfahrung / Detailwahrnehmung und Zeitschichten. Der erinnerte Bildungsweg fand im Land Hessen, Bundesrepublik Deutschland, im Zeitraum von 1974 bis 1987 statt. Im bildungspolitisch durch wechselnde Regierungsmehrheiten umkämpften Bundesland wandelten sich bei jedem Regierungswechsel die Leitbilder: klassisches Schulsystem mit Haupt-, Realschule und Gymnasium oder additive und integrierte Gesamtschultypen.

Die folgenden drei Schulen waren prägend:

_Ludwig-Uhland-Schule[12]
Grundschule mit Förderstufe, 1. – 6. Klasse, Bildungsalter: 6 – 12
Typologisch handelt es sich bei der Grundschule um eine Pavillonschule in offener Zeilenbauweise, Baujahr 1960. Die Klassen sind jahrgangsbezogen paarweise angeordnet. Die Aulafunktion übernimmt die Turnhalle.

_Brüder-Grimm-Schule[13]
Mittelstufe, 7. – 10. Klasse, Bildungsalter: 13 – 16
Typologisch eine Clusterschule in Form eines präfabrizierten Solitärbaus, Baujahr 1978. Im Obergeschoss sind je fünf Stammklassen um ein gemeinsames Plenum gruppiert. Die Erschließung in der Mittelachse des Schulbaus erfolgt über eine erdgeschossige rue intérieur.[14]

_Liebigschule[15]
Oberstufe, 11. – 13. Klasse, Bildungsalter: 17 – 19
Typologisch eine Gangschule in der Gestalt eines gewachsenen Ensembles aus Einzelbauten, Bauzeitspanne 1876 bis 1982. Die Klassenräume der Korridorschule sind linear gereiht und haben keine Zuordnungen. Als Aula fungiert der Kunst- und Zeichensaal.

Alle drei Schulhäuser verfügen über eigene Turnhallen, die außerschulisch vom Vereinssport genutzt werden. Die heute diskutierten Mehrfachnutzungen, intern und extern, aufgrund (stadt)räumlicher und ökonomischer Zwänge waren gelebte Praxis.

_Schulweg und Stadtraum

Der selbsterkundete Schulweg durch den Stadtraum war ein Luxus. Bei der Grundschule gab es zwei Optionen. Die eine führte durch das Universitätsklinikum in Pavillonbauweise. Repräsentative Klinkerbauten aus dem 19. und beginnenden 20. Jahrhundert standen neben Infektionskrankenhäusern mit umlaufenden, filigranen Stahlbalkonen und einstöckigen Behelfsbauten in Holzpaneelkonstruktionen aus der Nachkriegszeit.

Der Weg zur Schule der Mittelstufe führte stadtauswärts durch gesichtslose Wohn- und Geschäftsbebauungen, unterquerte die aufgestelzte Stadtautobahn und die Fernbahntrasse. Außer der Topografie gab es hier nichts zu entdecken. Der Weg zur im Stadtzentrum im Universitätsviertel situierten Oberstufe war stadträumlich komplexer. Durch das erwähnte Universitätsklinikum gelangte man über ein am Hang gelegenes Cottageviertel mit Stadtvillen aus der Gründerzeit in das Kernstadtgebiet mit Universität, Bibliotheken, Volkshochschule und dem Ausgehviertel der Student*innen. Die Lage im Universitätsviertel, im stadträumlichen Verbund mit den akademischen Bildungseinrichtungen, war inspirierend und hat den beinah beiläufigen Zugang zu universitären Vorträgen erleichtert. Dieser stadträumliche Bildungscluster aus schulischen, berufsbildenden, akademischen und Volksbildungseinrichtungen ermöglichte eine niedrigschwellige Bildungsvernetzung der Institutionen.

_Raumerfahrung

Auffallend bei der erinnernden Betrachtung ist, dass die Räume mit der längsten Verweildauer, die Klassenräume, rückblickend nicht die prägenden Raumerfahrungen darstellen. Des weiteren haben die Erschließungen – außer im negativen Fall der schwach bis unbelichteten *rue intérieur* der Clusterschule – keinen nachhaltigen Raumeindruck hinterlassen. Prägender war der Schulaußenraum, der Binnenaußenbereich der Schulen, der als zumindest gleichwertig zum Schulinnenraum wahrgenommen wurde.

Die zentralen Raumerfahrungen in der Grundschule bezogen sich auf Zwischenräume: offene, gedeckte Verbindungsgänge und einen Baumstamm. Der Arkadengang zwischen den Schulhäusern bildet eine lineare, räumliche Zwischenzone – nicht Innenraum und nicht eindeutig Außenraum –, die zwischen den Klassenhäusern und dem Pausenhof vermittelt: ein vielfältig nutzbarer Freiraum, materialisiert als Skelettkonstruktion in filigranen Stahlrohrsäulen und -tragprofilen mit zeittypischer Wellzementeindeckung. Interessant war die nicht vorhandene eindeutige Funktionsbelegung – ein zusätzliches räumliches Angebot ohne zwingende Notwendigkeit.

Der Pausenhof bestand aus einer undifferenzierten, asphaltierten Fläche. An einer Stelle lag ein roher Baumstamm. Nur von der Rinde befreit, ansonsten ungestaltet, definierte er durch seine bloße Anwesenheit einen Ort des Aufenthalts, des Treffens, der Geschicklichkeit, des Wettkampfes – ein informeller Ort ohne bewusste Gestaltung.

Raumerfahrungen im Solitär der Mittelstufe: Der quadratische, übereck verglaste Klassenraum mit Ausblick in die Kulturlandschaft hat trotz der geringen lichten Raumhöhe eine sich öffnende, räumliche Großzügigkeit. Die Bandfenster lösen die Raumbegrenzung optisch auf und laden zum Blick in die Ferne ein. Je fünf Stammklassen sind um einen gemeinsamen Erschließungsraum gruppiert. Drei Klassenräume verfügen über Faltwände, die einen variablen Zusammenschluss mit dem vorgelagerten Foyerbereich

Ulrich Huhs

für gemeinsame Unterrichtsforen erlauben. Die räumliche Auflösung der Begrenzung der Klasseneinheit in einen Raum der Schulgemeinschaft ist eine interessante Erfahrung räumlicher und sozialer Variabilität.

Die sechs Gebäude des gewachsenen Schulensembles der Oberstufe formen einen komplexen Außenraum, der durch die Baukörper in Hauptflächen und nischenartige Nebenflächen gegliedert ist: der Pausenhof als städtischer Platz. An der Längsseite wird dieser von einem überdeckten Außenraum, einer dreiseitig offenen Loggia begrenzt – zum Stadtraum zugleich offen und geschlossen: eine ambivalente räumliche Situation mit Orten unterschiedlicher Außenraumqualitäten. Die Schulloggia wird von einer barrierefreien Rampe erschlossen. Planungsseitig nicht dafür gedacht, ist dieser Ort, leicht erhöht gegenüber dem Pausenhof, ein perfekter Zwischenort des Überblicks und der Kommunikation.

Im Jugendstilbautrakt von 1912 liegt unter dem steilen Dach der Kunst- und Zeichensaal. Der Dimensionssprung zu den Klassenräumen und die Introvertiertheit durch die Oberlichter ohne seitlichen Ausblick erzeugen eine Konzentration auf den Innenraum und heben den Saal aus dem sonstigen Raumgefüge hervor. Der Oberlichtsaal ermöglicht eine außergewöhnliche Raumerfahrung, die repräsentativ und archaisch zugleich ist.

_Exkurs
Die außenräumlichen Ensemblequalitäten der innerstädtisch gewachsenen Campustypologie der Oberstufe – raumbildend gesetzte Einzelbauten und vielgestaltige Außenräume – konnten während der Studienschnuppervorlesungen zu Ende der Schulzeit an der ortsansässigen Universitätserweiterung Philosophikum II [16] aus den 1960er Jahren wiederentdeckt werden – eine Campushochschule, acht Gebäude und ein zentraler, mit unterschiedlichen Aufenthaltsbereichen gestalteter Binnenaußenraum, der das Zentrum der Anlage bildet. Außen- und Innenraum sind im gesellschaftlichen Umfeld der Öffnung der Hochschulen für weitere Gesellschaftsschichten qualitativ hochwertig und als Orte des Lernens, der Begegnung und der Kommunikation gestaltet. Bei der Erweiterung zehn Jahre später, beim direkt anschließenden Philosophikum I [17], hatten sich die Leitbilder der Planung verschoben, was den Verlust der Verbindung von Bildungsinnenund -außenraum zur Folge hatte: ein vierflügeliger Solitärbau im Stil eines Verwaltungsbaus umgeben von Abstandsgrün und Parkplätzen.

Ludwig-Uhland-Schule

Gießen

Baujahr: 1960

Typologie: Pavillonschule

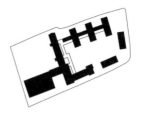

Brüder-Grimm-Schule

Gießen

Baujahr: 1978

Typologie: Clusterschule,

Solitärbau

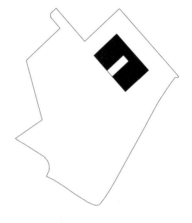

Liebigschule

Gießen

Baujahr: 1876, 1899,

1913, 1961, 1982

Typologie: Gangschule,

Schulensemble

Ulrich Huhs

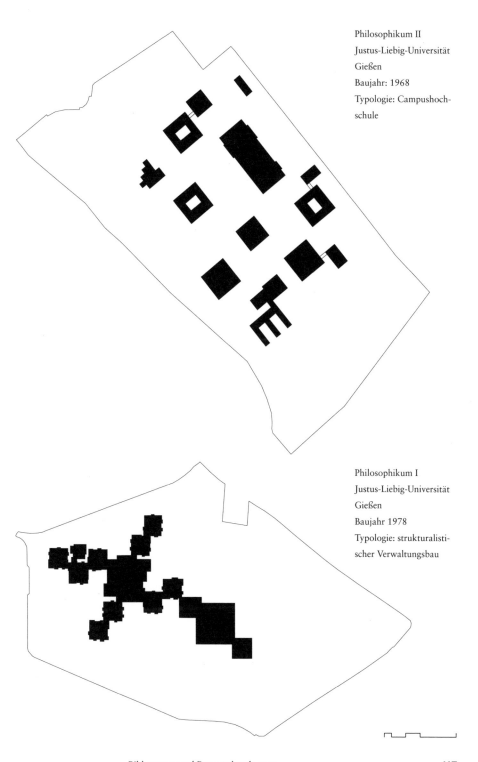

Philosophikum II
Justus-Liebig-Universität
Gießen
Baujahr: 1968
Typologie: Campushoch-
schule

Philosophikum I
Justus-Liebig-Universität
Gießen
Baujahr 1978
Typologie: strukturalisti-
scher Verwaltungsbau

*Detailwahrnehmung und Zeitschichten*

Der letzte Punkt der Erinnerungsreise betrifft die Materialerfahrung im Raum. In der Grundschule prägten sich neben den filigranen Stahlsäulen der gedeckten Arkadengänge auch die großen Schwingflügelfenster in Holz ein. Die kinetische Erfahrung der horizontal schwingenden Fensterflügel und deren weiß lackierte, kräftig dimensionierte Holzrahmen wurden als Unbekanntes entdeckt und wahrgenommen.

Die Mittelschule, in baufunktionalistischer Präfabrikation errichtet, verwehrte positive Detail- und Materialerfahrungen. Was hängenblieb, ist der Eindruck einer nach ausschließlich ökonomischen Kriterien gewählten, harten, eklatant unsinnlichen Materialerfahrung: rohe Stahlbetonfertigteile, keramische Beläge, Spannteppich, PVC.

Diametral dazu ist die Wahrnehmung des gewachsenen Gebäudeensembles der Oberstufe: 1876 das Klassenhaus im Stil des Spätklassizismus, 1899 die erste Erweiterung in der Formensprache des Historismus, 1912 der Fachklassentrakt im reduzierten Jugendstil, 1961 die Doppelturnhalle als Stahl-Glas-Skelettbau mit einer Dachkonstruktion aus weitspannenden Holzfachwerkbindern, 1982 der Verwaltungsbau und die Sonderklassen im Stil der Postmoderne. Die verschiedenen Zeitschichten mit ihren jeweiligen Detaillösungen und Materialien stehen und altern gleichberechtigt nebeneinander: vertikale Holzfenster neben den Glasbausteinausfachungen der in Stahlskelettbauweise errichteten Doppelturnhalle, Dreh-Kippflügelfenster im färbig pulverbeschichteten Aluminium der Postmoderne, gebohnertes, tiefbraun glänzendes, nach Leinöl duftendes Linoleum des Jugendstilbaus, kühler Zement- und Naturstein in den historischen Stiegenhäusern, begleitet von Holzhandläufen auf Metallgusshaltern, farbige Staketengeländer aus Stahl im Neubau, von Nutzungsspuren gezeichnetes, von der Heizungsluft ausgetrocknetes, quietschendes Eichenfischgrätparkett. Das Mangelhafte und Schadhafte, aus Sicht des Facility Managements Auszutauschende, stellten die interessanten Sinneseindrücke dar.

Die weitgehend unbewusste Wahrnehmung der unterschiedlichen architektonischen Zeitschichten und ihrer sichtbaren Alterungsspuren war eine Schulung der Pluralität und zugleich der Relativität gefundener baulicher Ansätze. Hier gab es keine Neubauschule aus einem Guss, sondern ein vielgestaltig gewachsenes Bauensemble, das auf unprätentiöse Art über Architektur, Bauen und Zeitgeschichte erzählen kann. Verschiedene Leitbilder stehen eigenständig nebeneinander, der Repräsentationsgedanke des Bürgertums der Gründerzeit, die künstlerische Aufbruchsstimmung des Jugendstils, der Stahl-Glas-Skelettbau des technologischen Aufschwungs der Nachkriegszeit, der typologisch entworfene Stadtbaustein der Postmoderne: Pluralität statt baulich manifestierter Absolutheitsanspruch eines singulären, funktional-organisatorischen Leitbildes der Entstehungszeit.

Schulbiografie und Diskurs

Das gewachsene Bauensemble, die erinnerte Raumwahrnehmung, das besondere Detail – wie können diese Beobachtungen der persönlichen Schulbiografie in Beziehung zum heutigen Diskurs über den Bildungsbau gesetzt werden?

_Gleichwertigkeit von Innen- und Außenraum

Das Nachdenken über die Gleichwertigkeit von Innen- und Außenraum im Bildungsbau berührt eine grundlegende Frage zum Lernumfeld. Wo wollen wir lernen? Wie könnte ein heutiges Arkadien des Lernens aussehen? Vom bildlichen Ideal der *Schule von Athen*[18] oder klösterlichen Kreuzgängen inspiriert können die Lernenden den Innenraum verlassen und in einer Campusschule, in einer Weiterentwicklung der Freiklassenschule[19], in einer Terrassenschule[20] in unterschiedlichsten Räumen lernen: Außenräume – Zwischenräume – Innenräume, gegliedert in Haupt-, Neben- und Nischenzonen. Hinzu kommt der Wunsch nach ungestalteten, nicht funktional belegten Räumen im Innen- und Außenbereich zur informellen Aneignung durch unbekannte, heutige und zukünftige Nutzungen.

_Materialisierung und Re-Use

Im Kontext der Fragestellung zu Materialkreisläufen und des klimaresilienten Bauens wird sich unser Blick auf den Bildungsbau zukünftig verändern. Die Weiterentwicklung baulicher Bestandsstrukturen und die Wiederverwendung von Baumaterialien werden neue architektonische Ansätze und Lösungen erfordern. Heutige formal-ästhetische Leitbilder des Schulbaus werden in Bewegung geraten – das Prinzip der kuratierten Bricolage wird im Kontext der Materialwiederverwendung neue Materialisierungsbilder generieren. Gebrauchte Baukomponenten werden als Zeugnisse der Produktionszeit in neuem Kontext auf ihre inhärente Produktgeschichte verweisen und neue Erzählungen ins Bauen implementieren.

_Bildungsensemble und Zeitschichten

Dem pädagogisch programmierten Schulbau aus einem Guss fehlen verschiedene, potenziell mögliche Parameter an stadträumlicher und innenräumlicher Pluralität. Der Ort der Schule könnte in einem städtischen Bildungsumfeld koexistieren und niedrigschwelligen Zugang zu akademischer, beruflicher, gesellschaftlicher Bildung ermöglichen und/oder diese Bildungsangebote als Hybridbau integrieren: ein Schulbau, städtebaulich verortet im Netzwerk weiterer Bildungseinrichtungen verschiedener Alters-

und gesellschaftlicher Gruppen, ein Schulbau als kontinuierlich adaptier- und transformierbares Ensemble an Gebäuden. Die heutige gesellschaftliche Realität spricht in ihrer Pluralität, Diversität, Vielschichtigkeit und der daraus resultierenden wachsenden Unübersichtlichkeit eine neue Sprache, die wir erst beginnen zu erlernen. Wir erleben die Auflösung von tradierten Ordnungsprinzipien des Wissens und seiner Vermittlung durch die Informationsaufbereitung und -suche im digitalen Raum, die für die Lehre und den analogen Raum eine Herausforderung darstellt. Wenn wir die Aufgabe der Architektur, wie Jörg H. Gleiter[21] sie im Kontext des digitalen Habitats beschreibt, ... *als jene kulturelle Praxis nämlich, mit der die kulturelle Logik einer Zeit ihre Übersetzung in die Sichtbarkeit und materiell-sinnliche Erfahrbarkeit findet,* zu lösen versuchen, wird die bisherige Fokussierung auf die bauliche Umsetzung einer funktional-organisatorischen Momentaufnahme der pädagogischen Leitbilder und die daraus resultierende Verengung der architektonischen Angebote im Bildungsbau forschend zu hinterfragen sein.

Ulrich Huhs

1 „Den sich überstürzenden Änderungen der Lebens-
formen unserer Zeit, die auf den Aufbruch in einer neuen
Epoche der Menschheitsgeschichte hinweist, entsprechen
die von früher übernommenen Ausbildungsarten nicht
mehr. Die Anforderungen, die an den modernen
Menschen als Teil einer hochentwickelten Gemeinschaft
gestellt werden, bedingen geänderte Methoden der
Schulbildung. Eine wesentliche Voraussetzung hierfür
ist die Schaffung entsprechender Ausbildungsstätten.
Bei der Planung und Ausführung der neuen Schulbauten
werden die damit Befaßten vor ganz neue Probleme
gestellt, deren Lösung wissenschaftliche Forschungs-
arbeit und technische sowie praktische Erprobung
voraussetzt." Bundesminister für Bauten und Technik,
Republik Österreich: Vorwort Ausstellung der ZV
Österreich, 1966 Schule Bauen, Ausstellung der Zentral-
vereinigung der Architekten Österreichs mit Förderung
des Bundesministeriums für Unterricht im Zusammenarbeit mit der Österreichischen UNESCO-Kommission
und dem Österreichischen Bauzentrum, Wien 1966.

2 Freiklassenschule: Johannes Duiker, Openluchtschool,
Amsterdam, 1926–1931.

3 Schulteppich: Arne Jacobsen, Munkegårdsskolen,
Gentofte, Søborg, 1948–1957.

4 Atriumschule: Gustav Peichl, Atriumschule in der
Krim, Wien, 1962–1964.

5 Gartenhofschule: Aldo Rossi, Mittelschule Broni
(Pavia), 1979–1982.

6 Hallenschule: Victor Hufnagl, Hauptschule Weiz,
1964–1968.

7 Schule als Stadt: Hans Hollein, Volksschule Köhlergasse, Wien, 1979–1990.

8 Peter Märkli mit Gody Kühnis, Schulanlage im Birch,
Zürich, 1999–2004.

9 3XN Architekten, Ørestad-Gymnasium, Kopenhagen,
2004–2007.

10 Grand Tour. Klassische Bildungsreise europäischer
Aristokraten zum Studium der antiken Monumente in
Italien und Griechenland. Le Corbusier hat 1907–1911
mit seiner Route, erweitert um den Balkan und Istanbul,
das Fundament seiner späteren Arbeiten gelegt.

11 Louis Henry Sullivan: Kindergarten Chats and
Other Writings, Aufsätze 1901–1902, überarbeitete
Buchveröffentlichung 1918.

12 Ludwig-Uhland-Schule, Gießen: Baujahr: 1960;
Typ: Grundschule mit Förderstufe; Typologie: Pavillonschule; Geschosse: E+1; Schüler*innen: 300.

13 Brüder-Grimm-Schule, Gießen: Baujahr: 1978;
Typ: additive Gesamtschule, Mittelstufe, Sekundarstufe I;
Typologie: Clusterschule, Solitärbau; Geschosse:
E+1 plus hangseitiges Souterraingeschoss;
Schüler*innen: 775.

14 Rue intérieur, innere Straße, Typologie einer inner-
halb eines Gebäude liegenden Erschließungsstraße, 1889,
Bahnhof Gare Saint-Lazare, Paris, Begriffsetzung und
Transformation in der klassischen Moderne durch
Le Corbusier, Unité d'habitation, Marseille, 1947–1952.

15 Liebigschule, Gießen: Baujahre: 1876, 1899, 1913,
1961, 1982; Typ: additive Gesamtschule, Mittelstufe,
Oberstufe, Sekundarstufe I + II; Typologie: Gangschule,
Schulensemble, Schule als Stadt; Geschosse: E+3;
Schüler*innen: 1.250.

16 Philosophikum II, Justus-Liebig-Universität, Gießen:
Baujahr: 1968; Typologie: Campushochschule.

17 Philosophikum I, Justus-Liebig-Universität, Gießen:
Baujahr 1978; Typologie: strukturalistischer Verwaltungsbau.

18 Die Schule von Athen, La scuola di Atene, Raffael,
1510–1511, Stanza della Segnatura Vatikan, Rom.

19 Freiklassenschule: Wilhelm Schütte, Sonderschule
Floridsdorf, Wien, 1960.

20 Terrassenschule: Luca Selva Architekten, Primar-
schule Erlenmatt, Basel, 2013–2017.

21 Jörg H. Gleiter, Architekturtheorie heute,
ArchitekturDenken, Bielefeld 2008, 11, Beobachtung
des Strukturwandel in der Architektur, kritische Reflexion der kulturellen Funktion der Architektur.

Basma Abu-Naim

Senior Lecturer am Forschungsbereich Raumgestaltung und Entwerfen an der TU Wien. Lehre zu Themen des Displays und zu Kunst- und Ausstellungsräumen. In ihrer aktuellen Forschung untersucht sie den öffentlichen Innenraum in Beziehung zu seiner sozialen Deutung und architektonischen Formung.

Claudia Cavallar

studierte Architektur bei Hans Hollein und Greg Lynn an der Universität für angewandte Kunst in Wien und ist seit 2010 als selbständige Architektin tätig. In ihrer Arbeit setzt sie sich mit dem Unauffälligen, Zufälligen und Gewohnten in der Architektur auseinander. Seit 2019 Vorstandsmitglied der ÖGFA.

Gisela Erlacher

Psychologie-Studium an der Universität Klagenfurt, Kamera: an der Universität für Musik und darstellende Kunst Wien. Fotoarbeiten zu zeitgenössischer Architektur und (sub)urbanen Raum. 2011: Stipendium des BMUKK. *Himmel aus Beton*, Zürich 2015; Würdigungspreis des Landes Kärnten für Medien, Fotografie, Film 2018.

Elise Feiersinger

Architekturstudium an der Rice University, Houston. Seit 2000 Lehrtätigkeit an versch. österreichischen Architekturfakultäten. Seit 2009 Vorstandsmitglied der ÖGFA. Mitherausgeberin von *Bestand der Moderne*, Zürich 2012. Seit 2015 Redaktionsmitglied des Periodikums *UMBAU*.

Herman Hertzberger

Architekturstudium an der TU in Delft. Eigenes Büro seit 1958 in Amsterdam. Von 1959 bis 1963 Redakteur der Zeitschrift *Forum* mit Aldo van Eyck, Jacob Bakema und anderen. Professuren in Amsterdam, Delft und Genf.

Jeremy Hoskyn

Architekturstudium an der ETH Zürich. Lehrtätigkeit und Praxisjahre in der Schweiz und im UK. Vorsitz des Amts für Hochbauten Stadt Zürich. Schwerpunkt Wettbewerbswesen und dauerhaftes Bauen.

Ulrich Huhs

Architekturstudium an der RWTH Aachen und HdK Berlin, Studien der Geschichte HU Berlin, freischaffender Architekt in Wien, seit 2010 Lehrauftrag an der TU Wien, Forschungen zur Raumwahrnehmung und zum Verhältnis bildlicher Raumdarstellungen und architektonischem Raumentwurf. Seit 2014 Vorstandsmitglied der ÖGFA.

Gabriele Kaiser

Freie Architekturpublizistin, Autorin und Kuratorin, seit 2009 Lehrtätigkeit an der Kunstuniversität Linz, Schwerpunkt Österreichische Architektur nach 1945, sowie am Mozarteum in Salzburg. Seit 2016 Vorstandsmitglied der ÖGFA.

Antje Lehn

Architekturstudium in Stuttgart und Wien. Seit 2000 Lehrtätigkeit an der UIC ESARQ in Barcelona und der Akademie der bildenden Künste Wien. Mitherausgeberin von *Cartography and Art*, Wien–New York 2010 und *Big! Bad? Modern: Four Megabuildings in Vienna*, Zürich 2015.

Maik Novotny

Studierte Architektur und Stadtplanung in Stuttgart und Delft und ist Architekturjournalist und Herausgeber. Lehrtätigkeit an der TU Wien und der Kunstuniversität Linz. 2017 Stipendiat des Richard Rogers Fellowship der Harvard GSD. Seit 2019 Vorstandsmitglied der ÖGFA.

Marika Schmidt

Studium der Architektur an der TU Berlin und der UdK Berlin. Lehrtätigkeit: 2007–2014 an der TU Carolo-Wilhelmina Braunschweig; 2014–2016 an der TU Berlin; 2019–2020 an der Hochschule Bochum. 2010 Bürogründung in Berlin.

Felix Siegrist

Freischaffender Architekt, Architekturstudium an der ETH Zürich. Seit 2011 Lehrtätigkeit und Forschung am Institut für Hochbau und Entwerfen der TU Wien. Forschungsprojekt „Anatomie einer Metropole, Pionierjahre des Bauens in Eisenbeton Wien 1890–1914". Seit 2019 Vorstandsmitglied der ÖGFA.

Wir danken den Institutionen und Unternehmen

 Bundesministerium
Kunst, Kultur,
öffentlicher Dienst und Sport

 **Stadt Wien**

 Kammer der ZiviltechnikerInnen |
ArchitektInnen und IngenieurInnen
Wien, Niederösterreich und
Burgenland

BIG BUNDES
IMMOBILIEN
GESELLSCHAFT

pro:Holz
Austria

archi**t**ektur
foto**g**rafie

 SCHIEDEL

Bildnachweis

Umschlagfoto: © Gisela Erlacher, Schule Dietrichgasse,
archipel architekten, Wien 2018

S. 16, Abb. 1: Herman H. van Doorn GKf

S. 17, Abb. 4: John Lewis Marshall

S. 19, Abb. 12b: Herman H. van Doorn GKf

S. 20, Abb. 15: Herman H. van Doorn GKf

S. 22, Abb. 20: Jan Derwig

S. 23, Abb. 24: Johan van der Keuken

S. 58, oben: Architekturzentrum Wien, Sammlung

S. 58 unten: Architekturzentrum Wien, Sammlung,

Foto: Margherita Spiluttini

S. 59: Architekturzentrum Wien, Sammlung,

Fotos: Felix Siegrist

S. 86, Abb. 1: Niklaus Spoerri

S. 86, Abb. 2: René C. Dürr

S. 86, Abb. 4: Rasmus Norlander

S. 86, Abb. 5: Niklaus Spoerri

S. 87, Abb. 6: Beate Bühler

S. 87, Abb. 7: Roland Bernath

S. 87, Abb. 9: Georg Gisel

S. 87, Abb. 10: Beat Bühler

S. 94, Abb. 1, 2: Architekturzentrum Wien, Sammlung,

Foto: Margherita Spiluttini

S. 95, Abb. 3, 4 und 5: Hertha Hurnaus

S. 109: Gabriele Kaiser

Textquellen

S. 8–23: Herman Hertzberger, Lernen. Eine städtebauliche Untersuchung, Vortrag, Wien, 23.11.2018
Übersetzung aus dem Englischen: Claudia Cavallar